# Código Sanitario de Chile

Procedimiento de selección de originales, ver página web:
www.tirant.net/index.php/editorial/procedimiento-de-seleccion-de-originales

# Código Sanitario de Chile

ÁNGELA ARENAS MASSA
JAIME PHILLIPS LETELIER

tirant lo blanch
Valencia, 2025

EDITA: TIRANT LO BLANCH
C/ Artes Gráficas, 14 - 46010 - Valencia
TELFS.: 96/361 00 48 - 50
FAX: 96/369 41 51
Email: tlb@tirant.com
www.tirant.com
Librería virtual: https://editorial.tirant.com/cl
ISBN: 978-84-1095-622-3

Si tiene alguna queja o sugerencia, envíenos un mail a: *atencioncliente@tirant.com*. En caso de no ser atendida su sugerencia, por favor, lea en *www.tirant.net/index.php/empresa/politicas-de-empresa* nuestro procedimiento de quejas.

Responsabilidad Social Corporativa: http://www.tirant.net/Docs/RSCTirant.pdf

# Índice



## CÓDIGO SANITARIO

*"Salus populi suprema lex esto"*
*Cicerón, De legibus, III*

# Presentación

Al referirse a las atribuciones de la máxima magistratura romana, en caso de guerra, Cicerón les aconseja no obedecer a nadie y que tenga por suprema ley la salvación del pueblo. Es verdad: la salvación de que habla el insigne orador supera la sanidad a que se refiere este código. Pero ciertamente la incluye. Para bien o para mal, todos pudimos experimentar cómo una emergencia sanitaria puede llevar a las supremas magistraturas de una nación a adoptar medidas extraordinarias, semejantes a las que se acudiría en una situación de conflicto. Y tales medidas, sin duda, deben dirigirse hacia la protección de la salud de la población.

Busca también este epígrafe ser un tributo para el Dr. Federico Puga Borne. Él, en el año 1882, planteó la necesidad de redactar un código que hiciera evolucionar la organización de la medicina pública en Chile a la "Junta de Higiene de Valparaíso". Gracias a este primer impulso, y a los esfuerzos de diversos facultativos que le siguieron, en 1918 se logra publicar el primer Código Sanitario de la República de Chile, lo que constituye un hito para el bien y la salud del país. Se dice que el doctor Puga se hizo eco de esta frase ciceroniana, aplicándola a la salud pública, la cual recogemos ahora en su homenaje.

La edición del Código Sanitario que les presentamos busca mostrar sus vínculos con el resto del ordenamiento jurídico y la normativa reglamentaria respectiva. Las concordancias corresponden al mismo Código Sanitario o al resto del ordenamiento nacional, para auxiliar la interpretación lógica y sistemática. Además, se incluyen referencias a las rectificaciones y modificaciones que dan cuenta de la historia de la ley. No se incluyen en un apéndice por su abundancia y en el entendido de que son de fácil consulta en el portal https://www.bcn.cl/leychile/.

Para mejorar la comprensión de algunas normas, se incluyen comentarios dogmáticos y referencias a la jurisprudencia administrativa y judicial. En las sucesivas ediciones, esperamos poder incrementar y refinar esos comentarios para ayudar la labor de quienes tienen la tarea de aplicar este código.

Muy agradecidos estaremos de recibir los comentarios y sugerencias de los lectores para mejorar esta obra. Esperamos que sea útil y un servicio para nuestra patria.

**Ángela Arenas Massa**
*Profesora Titular*
*Facultad de Derecho*
*Universidad Finis Terrae*
*aarenas@uft.cl*

**Jaime Phillips Letelier**
*Profesor Asistente*
*Facultad de Derecho*
*Universidad de Chile*
*jphillips@derecho.uchile.cl*

# CÓDIGO SANITARIO

Promulgación: 11.12.1967

Publicación: 31.01.1968

Santiago, 11 de Diciembre de 1967.- Hoy se decretó lo que sigue:

Núm. 725.- Visto: lo dispuesto en el artículo 14° de la ley N° 16.585,

**DECRETO:**

Modifícase el DFL. N° 226, de 15 de Mayo de 1931, que aprobó el Código Sanitario, en la forma que aparece en el presente texto:

## TÍTULO PRELIMINAR

*Párrafo I*
*DISPOSICIONES GENERALES*

**Artículo 1.- Objeto.** El Código Sanitario rige todas las cuestiones relacionadas con el fomento, protección y recuperación de la salud de los habitantes de la República, salvo aquellas sometidas a otras leyes.

Conc.: Constitución Política de la República. Artículo 19 N° 1, 8 y 9, incisos 2 y 3.

Código Civil. Artículo 4.

**Artículo 2.- Potestad reglamentaria.** El Presidente de la República dictará, previo informe del Director General de Salud, los Reglamentos necesarios para la aplicación de las normas contenidas en el presente Código.

Rectif.: D.O. 06.02.1968 N° 1.

Conc.: Constitución Política de la República. Artículo 32 N° 6.

**Artículo 3.- Funciones de las autoridades sanitarias.** Corresponde al Servicio Nacional de Salud, sin perjuicio de las facultades del Ministerio de Salud Pública, atender todas las materias relacionadas con la salud pública y el bienestar higiénico del país, de conformidad con lo dispuesto en el inciso final del Nº 14º del artículo 10º de la Constitución Política del Estado, este Código y su Ley Orgánica.

Conc.: Constitución Política de la República. Artículo 19 Nº 8 y 9.

DFL 1 Fija texto del Decreto Ley 2763 y de las leyes 18.933 y 18.469, D.O. 24.04-2006. Artículo 4 Nº 3.

Código Sanitario. Artículo 5.

Decreto 136 Ministerio de Salud, Reglamento Orgánico del Ministerio de Salud. D.O. 21.04.2005.

Decreto 1222, Ministerio de Salud, Aprueba Reglamento del Instituto de Salud Pública de Chile, D.O. 26.08.1997.

Comentario: La referencia al inciso final del artículo 14 de la Constitución Política del Estado debe entenderse hecha al artículo 19 Nº 9 de la actual Constitución Política de la República. El Decreto Ley 2763 de 1979 suprimió el Servicio Nacional de Salud y el cargo de Director General de Salud, y creó los servicios de salud, Fondo Nacional de Salud, Instituto de Salud Pública de Chile y la Central Nacional de Abastecimiento del Sistema Nacional de Servicios de Salud.

**Artículo 4.- Funciones municipales.** A las Municipalidades corresponde atender los asuntos de orden sanitario que le entregan el artículo 105º de la Constitución Política del Estado y las disposiciones de este Código.

Conc.: Constitución Política de la República. Artículo 118.

DFL 1 Fija el texto de la Ley 18.695 orgánica constitucional de municipalidades, D.O. 26.07.2006. Artículos 4 letras b), c) y g), 21, inciso 2º, letra c), 23, 47, 56, 65 letra a) y 67 letra i).

Ley 19.378 Establece Estatuto de atención primaria de salud municipal, D.O. 13.04.1995.

**Artículo 5.- Autoridad sanitaria.** Cada vez que el presente Código, la ley o el reglamento aluda a la autoridad sanitaria, deberá entenderse por ella al Ministro de Salud, en las materias que son de competencia de dicha Secretaría de Estado; a los Secretarios Regionales Ministeriales de Salud, como sucesores legales de los Servicios de Salud y del Servicio de Salud del Ambiente de la Región Metropolitana, respecto de las atribuciones y funciones que este Código, la ley o el reglamento radica en dichas autoridades y que ejercerá dentro del territorio regional de que se trate; y al Director del Instituto de Salud Pública, en relación con las facultades que legalmente le corresponden respecto de las materias sanitarias que este Código, la ley o el reglamento regula, sin perjuicio de los funcionarios en quienes estas autoridades hayan delegado válidamente sus atribuciones.

Modif.: Ley Nº 19.937 Modifica el D.L. Nº 2763, de 1979, con la finalidad de establecer una nueva concepción de la autoridad sanitaria, distintas modalidades de gestión y fortalecer la participación ciudadana. D.O. 24.02.2004. Artículo 2.

Conc.: Decreto 136 Ministerio de Salud, Reglamento Orgánico del Ministerio de Salud. D.O. 21.04.2005. Artículo 32.

**Artículo 6.- Definiciones.** Las definiciones que se contienen en los preceptos siguientes, valdrán para el solo efecto de la aplicación de este Código y de sus reglamentos.

Conc.: Código Civil. Artículo 22.

**Artículo 7.- Autorizaciones sanitarias.** Las autorizaciones o permisos concedidos por los Servicios de Salud, de acuerdo con las atribuciones de este Código, tendrán la duración que para cada caso se establezca en los respectivos reglamentos, con un mínimo de tres años. Estos plazos se entenderán automática y sucesivamente prorrogados por períodos iguales, mientras no sean expresamente dejados sin efecto.

La autoridad sanitaria ante quien se presente una solicitud de autorización o permiso, deberá pronunciarse dentro del plazo de 30 días hábiles, contado desde que el requirente complete los antecedentes exigidos para ello, y en caso de denegarla, deberá hacerlo fundadamente.

Si la autoridad sanitaria no emitiere un pronunciamiento dentro de dicho plazo, la autorización se entenderá concedida salvo respecto de aquellas materias que de acuerdo con la ley requieren autorización expresa.

Estas últimas actividades no podrán iniciar su funcionamiento mientras no obtengan la autorización sanitaria respectiva.

Modif.: Ley Nº 18.498 Modifica el Código Sanitario. D.O. 04.02.1986. Artículo 1º.

Ley 18.796 Faculta al Presidente de la República para legislar; en materias que indica y modifica legislación sanitaria; económica, municipal y sobre asociaciones gremiales en la forma que señala. D.O. 24.05.1989. Artículo 10, a).

Conc.: Ley 19.880 Establece bases de los procedimientos administrativos que rigen a los órganos de la Administración del Estado, D.O. 29.05.2003. Artículos 25 y 64-66.

DFL 1, Ministerio de Salud, Determina materias que requieren autorización sanitaria expresa, D.O. 21.02.1990. Artículo 1.

Comentario: de las materias que según el Código Sanitario o sus leyes especiales requieren autorización previa para su ejecución, el DFL 1 del Ministerio de Salud citado en la concordancia establece aquellas en que la autorización no puede provenir del silencio administrativo positivo.

**Artículo 8.- Auxilio de la fuerza pública.** Para el cumplimiento de las órdenes que expida en conformidad a las facultades que le concede el presente Código y sus reglamentos, el Director General de Salud podrá requerir el auxilio de la fuerza pública directamente de la Unidad del Cuerpo de Carabineros de Chile más cercana y éstas estarán obligadas a proporcionarla.

Conc.: Código Sanitario. Artículo 5.

Ley 18.961 Orgánica Constitucional de Carabineros, D.O. 07.03.1990. Artículo 4.

## *Párrafo II*
## *DE LOS SERVICIOS DE SALUD*

**Artículo 9.- Potestades de la autoridad sanitaria.** Sin perjuicio de las atribuciones del Ministerio de Salud y del Instituto de Salud Pública de Chile, así como de las demás facultades que les confieren las leyes, corresponde en especial a los Directores de los Servicios de Salud en sus respectivos territorios:

a) velar por el cumplimiento de las disposiciones de este Código y de los reglamentos, resoluciones e instrucciones que lo complementen, y sancionar a los infractores;

b) dictar dentro de las atribuciones conferidas por el presente Código, las órdenes y medidas de carácter general, local o particular, que fueren necesarias para su debido cumplimiento;

c) Solicitar al Presidente de la República, a través del Ministerio de Salud, la dictación de los reglamentos del presente Código y proponerle las normas que deben regular las funciones de orden sanitario a cargo de las Municipalidades;

d) informar al Ministerio de Salud sobre las materias que éste le requiera;

e) solicitar de las autoridades, instituciones públicas o privadas o individuos particulares los datos y cooperación que estime convenientes para el mejor ejercicio de sus atribuciones. Los datos o cooperación deben ser proporcionados en el plazo prudencial que el Director del Servicio señale;

f) Rebajar o eximir, en casos excepcionales y por motivos fundados, los derechos que deben pagarse por las actuaciones de los Servicios, fijados por el Arancel aprobado por el Ministerio de Salud, a determinadas personas naturales o jurídicas que ejecuten actividades de asistencia social, docencia o investigación científica. Las mismas facultades serán ejercidas por el Director del Instituto de Salud Pública de Chile, que podrá aplicarlas especialmente respecto de los controles relativos a medicamentos para necesidades personales de enfermos o de donaciones en casos de emergencias o catástrofes, y

g) delegar las facultades que les concede el presente Código.

Modif.: Ley Nº 19.497 Introduce modificaciones al Código Sanitario, D.O. 22.03.1997. Artículo 1 I, 1 II Nº 1, 1 II Nº 2, 1 II Nº 3, 1 II Nº 4, 1 II Nº 5.

Conc.: Código Sanitario. Artículo 5.

Decreto 136 Ministerio de Salud, Reglamento Orgánico del Ministerio de Salud. D.O. 21.04.2005. Artículo 32.

**Artículo 10.- Empleo por campañas o emergencias.** Para el cumplimiento de campañas sanitarias o en casos de emergencia, el Servicio Nacional de Salud podrá contratar, por períodos transitorios, personal de acuerdo a las normas del Código del Trabajo, con cargo a campañas sanitarias o imprevistos, según corresponda. Estas contrataciones se harán directamente por dicho Servicio, sin necesidad de cumplir otros requisitos que los señalados en ese cuerpo legal.

El personal así contratado cesará automáticamente en sus funciones a la expiración del plazo fijado en su contrato, cualquiera que sea la duración de éste.

Conc.: Código del Trabajo. Artículo 159 Nº 4.

Comentario: Por la naturaleza de la norma, y tratándose de campañas sanitarias o casos de emergencia, probablemente el contrato de obra o faena y por ende, la causal del artículo 159 Nº 5 del Código del Trabajo podría ser más adecuada.

## *Párrafo III*
## *DE LAS ATRIBUCIONES Y OBLIGACIONES SANITARIAS DE LAS MUNICIPALIDADES*

**Artículo 11.- Funciones y potestades municipales.** Sin perjuicio de las atribuciones que competen al Servicio Nacional de Salud, corresponde, en el orden sanitario, a las Municipalidades:

a) proveer a la limpieza y a las condiciones de seguridad de sitios públicos, de tránsito y de recreo;

b) recolectar, transportar y eliminar por métodos adecuados, a juicio del Servicio Nacional de Salud, las basuras, residuos y desperdicios que se depositen o produzcan en la vía urbana;

c) velar por el cumplimiento de las disposiciones que sobre higiene y seguridad se establecen en la Ordenanza General de Construcciones y Urbanización;

d) reglamentar y controlar las condiciones de limpieza y conservación exterior de las casas-habitación, fábricas, edificios públicos, cuarteles, conventos, teatros y otros locales públicos y particulares;

e) establecer plazas, parques o locales públicos de juego o recreo para adultos y niños, así como baños y servicios higiénicos públicos; y

f) proveer a la limpieza y conservación de los canales, acequias y bebederos, considerando además las condiciones de seguridad necesarias para prevenir accidentes.

Rectif.: D.O. 06.02.1968 Nº 2.

Conc.: DFL 1 Fija el texto de la Ley 18.695 orgánica constitucional de municipalidades, D.O. 26.07.2006. Artículos 3, letra f), 12, inciso 2, y 25.

**Artículo 12.- Reglamento de obligaciones mínimas municipales.** El Presidente de la República, por intermedio de los Ministerios del Interior y Salud Pública, y a propuesta del Director General de Salud, deberá, estableciendo servicios y obligaciones mínimas, reglamentar la forma cómo las Municipalidades ejercerán las funciones sanitarias que se les encomienden en la presente ley. Todo acto o reglamento municipal que esté en pugna con dichas normas sanitarias es nulo y esta nulidad será declarada por el Presidente de la República.

Conc.: Constitución Política de la República. Artículos 7 y 32 Nº 6.

Código Sanitario. Artículos 5, 11 y 182.

Decreto 4740 Aprueba el reglamento sobre normas sanitarias mínimas municipales, D.O. 09.10.1947.

Comentario: se discute la vigencia del Decreto 4740 en la jurisprudencia administrativa. El dictamen de la Contraloría General de la República Nº 69.317-2012, que revuelve respecto de la responsabilidad municipal por la presencia de perros vagos, señala que el Decreto 4740 que Aprueba reglamento sobre normas sanitarias mínimas municipales ha perdido su vigencia como consecuencia de la derogación de que fue objeto el antiguo artículo 27 del Código Sanitario de 1931, por el artículo 182 del Código Sanitario actualmente vigente. La Corte de Apelaciones de Chillán en la sentencia de protección rol 196-2008, ha entendido también que el Decreto 4740 se encuentra derogado. Sin embargo, existen pronunciamientos en sentido contrario en el informe final 21-13 y el dictamen 36.481-1997, ambos de la Contraloría General de la República. Ambas posiciones son jurisprudencia administrativa vigente (cfr. Ley 10.336, artículo 19). Por otro lado, no es infrecuente que en ordenanzas municipales u otros pronunciamientos administrativos se cite el Decreto 4740 como normativa vigente. Entre estas dos alternativas, se debe estar en favor de la vigencia del Decreto 4740 por dos motivos. Primero, porque el antiguo artículo 27 del Código Sanitario de 1931 pervivió con idéntico texto en el actual artículo 12 sin solución de continuidad. Segundo, porque el artículo 182, inciso 2, del Código Sanitario dejó vigentes los reglamentos preexistentes en la medida que no fuesen contrarios al Código Sanitario.

**Artículo 13.- Traspaso de funciones por negligencia.** En caso de negligencia grave de una Municipalidad en el cumplimiento de sus obligaciones sanitarias específicas, sin perjuicio de lo establecido en el artículo 165°, el Presidente de la República podrá transferir, por períodos que no excedan de dos años, el cumplimiento de tales obligaciones al Servicio Nacional de Salud, a costa de la Municipalidad respectiva, con acuerdo previo del Ministerio del Interior.

Rectif.: D.O. 06.02.1968 Nº 3.

Conc.: Código Sanitario. Artículo 4.

Ley 19.378 Establece Estatuto de atención primaria de salud municipal, D.O. 13.04.1995.

Comentario: la Ley 18.173 insertó el actual título noveno y modificó la numeración del articulado del Código Sanitario. Por ello, el antiguo artículo 165 corresponde al actual 174.

De acuerdo con el dictamen Nº 38.056-2012 de la Contraloría General de la República la potestad del artículo 13 del Código Sanitario no es aplicable a la atención primaria de salud pues ello sería inconciliable con el carácter definitivo e irrevocable del traspaso de dicha función a las entidades municipales. Sería aplicable a las funciones sanitarias municipales existentes a la época de entrada en vigencia del Código Sanitario en 1967 que consistían en funciones de limpieza, higiene, seguridad y recreo en espacios públicos.

**Artículo 14.- Seguridad sanitaria.** Corresponderá al Servicio Nacional de Salud la supresión de cualquier factor que, originado en un territorio municipal, ponga en peligro la salud, seguridad o bienestar de la población de otro territorio municipal.

Conc.: Código Sanitario. Artículos 5, 9 letra b), 67.

DFL 1 Fija texto del Decreto Ley 2763 y de las leyes 18.933 y 18.469. Artículo 12 Nº 2.

**Artículo 15.- Autorizaciones municipales de actividades afectas a resolución sanitaria.** Las Municipalidades de la República no podrán otorgar patentes ni permisos definitivos para el funcionamiento de locales o para el ejercicio de determinadas actividades que requieran de autorización del Servicio Nacional de Salud, sin que previamente se les acredite haberse dado cumplimiento a tal requisito.

Las patentes o permisos concedidos por las Municipalidades con omisión del requisito establecido en el inciso precedente serán nulas y las Municipalidades que las hayan otorgado deberán proceder a cancelarlas.

Sin perjuicio de lo anterior, el Servicio Nacional de Salud procederá sin más trámite a ordenar la paralización de la obra, clausura del establecimiento o la prohibición del ejercicio de la actividad o comercio, según corresponda.

Rectif.: D.O. 06.02.1968 Nº 4.

Modif.: Ley 18.796 Faculta al Presidente de la República para legislar en materias que indica y modifica legislación sanitaria, económica, municipal y sobre asociaciones gremiales en la forma que señala, D.O. 24.05.1989. Artículo 10, letra b).

Conc.: DFL 1 Fija el texto de la Ley 18.695 orgánica constitucional de municipalidades, D.O. 26.07.2006. Artículos 24 Nº 2, 36,

Decreto 2385 Fija texto del Decreto Ley Nº 3063 sobre rentas municipales, D.O. 20.11.1996. Artículos 23, 24, 25, 26, 32 y 33.

DFL 458 Aprueba nueva Ley General de Urbanismo y Construcciones, D.O. 13.04.1976. Artículo 9, letra a).

Ley 19.925 Sobre expendio y consumo de bebidas alcohólicas, D.O. 19.01.2004. Artículo 6.

# LIBRO I
# DE LA PROTECCIÓN Y PROMOCIÓN DE LA SALUD

## TÍTULO I
## DE LA PROTECCIÓN MATERNO INFANTIL

**Artículo 16.- Protección y asistencia social de la maternidad.** Toda mujer, durante el embarazo y hasta el sexto mes del nacimiento del hijo, y el niño, tendrán derecho a la protección y vigilancia del Estado por intermedio de las instituciones que correspondan. La tuición del Estado comprenderá la higiene y asistencia social, tanto de la madre como del hijo.

Rectif.: D.O. 06.02.1968 Nº 5.

Conc.: Decreto 369, Ministerio de Salud, D.O. 02.01.1986. Aprueba Reglamento del régimen de prestaciones de salud. Artículo 26.

**Artículo 17.- Gratuidad en la protección y asistencia social de la maternidad.** La atención de la mujer y del niño durante los períodos a que se refiere el artículo anterior será gratuita para los indigentes en todos los establecimientos del Servicio Nacional de Salud, conforme lo determine el Reglamento.

Conc.: Decreto 369, Ministerio de Salud, D.O. 02.01.1986. Aprueba Reglamento del régimen de prestaciones de salud. Artículos 25 inc. 3 y 27.

**Artículo 18.- Derecho preferente al amamantamiento.** Es derecho preferente del hijo ser amamantado directamente por su madre, salvo que por indicación médica o decisión de la madre se resuelva lo contrario.

La leche materna tiene como uso prioritario la alimentación en beneficio del o de los lactantes que sean biológicos.

Sin perjuicio de lo anterior, todas las madres podrán donar voluntariamente su leche para el uso o beneficio de los recién nacidos que no tengan posibilidad de ser alimentados por su propia madre o, en los casos en que pudiendo serlo, la leche producida por la madre constituya un riesgo para la salud del lactante. Pero no podrán ser donantes aquellas madres cuya condición ponga en riesgo la integridad e inocuidad de la leche que ha de ser donada.

En ningún caso la donación de leche materna se realizará de forma directa del pecho de la mujer donante a la boca del lactante.

Además, las madres podrán donar su leche materna para uso en programas de estudio, docencia e investigación en universidades, instituciones educacionales e instituciones públicas, las que no podrán hacer uso comercial de sus resultados.

Las donaciones de las que trata este artículo serán gratuitas y no les serán aplicables las disposiciones de los artículos 1137 a 1146 del Código Civil. Asimismo, será nulo, y de ningún valor, el acto o contrato que contenga la promesa de alguna donación de la que trata este artículo.

Las donaciones de las que trata este artículo no podrán causar detrimento alguno al hijo biológico de la madre donante.

Modif.: Ley 21.155 Establece medidas de protección a la lactancia materna y su ejercicio. D.O. 02.05.2019. Artículo 6.

Conc.: Ley 21.155 Establece medidas de protección a la lactancia materna y su ejercicio. D.O. 02.05.2019. Artículos 1 y 2.

Comentario: los artículos 1137 a 1146 del Código Civil se refiere a las donaciones revocables. Por consiguiente las donaciones por concepto de lactancia materna son irrevocables.

Asimismo, si un contrato suscribe una donación de lactancia materna, adolece de vicio de nulidad por el artículo 1464 número 1° del Código Civil, objeto ilícito de cosas que no están en el comercio.

**Artículo 19.- Control preventivo de salud en establecimientos educacionales fiscales.** El control de la atención médico-preventiva y dental de los alumnos de los establecimientos fiscales de educación, será efectuada por el Servicio Nacional de Salud.

Los establecimientos particulares de educación deberán mantener, a su costa, un servicio que preste las atenciones antes señaladas de acuerdo con las normas que les fije el Servicio Nacional de Salud.

Conc.: DFL 1, Ministerio de Salud, D.O. 24.04.2006. Artículo 4, número 2.

# TÍTULO II
# DE LAS ENFERMEDADES TRANSMISIBLES

## *Párrafo I*
## *DISPOSICIONES GENERALES*

**Artículo 20.- Declaración obligatoria de enfermedad transmisible.** Todo médico-cirujano que asista a persona que padezca de una enfermedad transmisible sujeta a declaración obligatoria, comunicará por escrito el diagnóstico cierto o probable a la autoridad sanitaria más próxima.

Igual obligación afectará a toda persona que en su casa o establecimiento tuviere uno de dichos enfermos, si no hubiere sido éste atendido por un médico-cirujano; a los directores técnicos de las farmacias que despachen recetas destinadas al tratamiento de estas enfermedades y a quienes dirigen técnicamente los laboratorios clínicos que realicen los exámenes para su confirmación diagnóstica.

Modif.: DFL 1003, Ministerio de Salud, D.O. 29.11.1968. Artículo 2, letra a).

Conc.: Decreto 7, Ministerio de Salud, D.O. 24.01.2020, entrada en vigencia 23.04.2020, Aprueba el Reglamento sobre notificación de enfermedades transmisibles de declaración obligatoria y su vigilancia. Artículo 1.

**Artículo 21.- Notificación obligatoria.** Un reglamento determinará las enfermedades transmisibles que deben ser comunicadas obligatoriamente a las autoridades sanitarias, así como la forma y condiciones de la notificación.

Conc.: Decreto 7, Ministerio de Salud, D.O. 24.01.2020, entrada en vigencia 23.04.2020, Aprueba el Reglamento sobre notificación de enfermedades transmisibles de declaración obligatoria y su vigilancia. Artículos 1, 2, 3, 4, 5, y 6.

Decreto 230, Ministerio de Relaciones Exteriores. Promulga reglamento sanitario internacional (2005). D.O. 23.12.2008. Artículos 6 y 7.

**Artículo 22.- Aislamiento como medida ante enfermedad transmisible de notificación obligatoria.** Será responsabilidad de la autoridad sanitaria al aislamiento de toda persona que padezca una enfermedad de declaración obligatoria, la cual de preferencia y especialmente en caso de amenaza de epidemia o insuficiencia del aislamiento en domicilio, deberá ser internada en un establecimiento hospitalario u otro local especial para este fin.

Conc.: DFL 1, Ministerio de Salud, D.O. 24.04.2006. Artículo 4, número 11.

**Artículo 23.- Otorgamiento de recursos sanitarios para diagnósticos de enfermedades transmisibles.** La autoridad sanitaria deberá proveer al médico-cirujano particular que lo solicite, siempre que ello sea posible, de los medios adecuados de diagnóstico para el rápido y eficaz reconocimiento de aquellas enfermedades transmisibles susceptibles de provocar epidemias.

Conc.: DFL 1, Ministerio de Salud, D.O. 24.04.2006. Artículo 12, número 5.

**Artículo 24.- Potestad de fiscalización del Ministerio de Salud.** El Servicio Nacional de Salud podrá inspeccionar y visitar todos los establecimientos e instituciones públicas o particulares que alberguen a grupos de personas, pudiendo adoptar las medidas necesarias para protegerlas de las enfermedades transmisibles, y ordenar, incluso, la clausura del establecimiento, si fuere necesaria.

Conc.: DFL 1, Ministerio de Salud, D.O. 24.04.2006. Artículo 4, número 3.

**Artículo 25.- Potestad de prohibir ingreso de estudiantes a establecimientos educacionales.** Los Directores de los establecimientos educacionales estarán obligados a prohibir temporalmente la asistencia a clase de aquellos alumnos que a juicio de la autoridad sanitaria, presenten peligro de contagio de una enfermedad transmisible. Dicha exclusión cesará cuando el afectado acredite, por medio de certificación médica, no hallarse en estado contagioso.

Conc.: Código Penal. Artículos 318 y 318 bis.

**Artículo 26.- Obligatoriedad de las medidas preventivas para el ciudadano.** Toda persona que hubiere estado en contacto con paciente de enfermedad transmisible, podrá ser sometida por la autoridad sanitaria a observación, aislamiento y demás medidas preventivas que fueren necesarias para evitar la propagación de la enfermedad. La habitación o local contaminado será, en caso necesario, sometido por la autoridad sanitaria a cualquier procedimiento que permita proteger la salud de sus ocupantes.

Rectif.: D.O. 06.02.1968 Nº 6.

Conc.: DFL 1, Ministerio de Salud, D.O. 24.04.2006. Artículo 4, número 3 y artículo 12, número 5.

**Artículo 27.- Períodos de aislamiento y restricciones.** El Servicio Nacional de Salud determinará el período mínimo de aislamiento a que deben someterse los enfermos contagiosos, así como las restricciones a que se sujetarán las personas que sean portadoras de agentes patógenos o las que pudieren encontrarse en el período de incubación de enfermedades transmisibles.

Conc.: DFL 1, Ministerio de Salud, D.O. 24.04.2006. Artículo 12, número 5.

**Artículo 28.- Mandato de desinfección.** Todo profesional que trate a una persona que padezca de una enfermedad transmisible deberá ordenar la adecuada desinfección de las excreciones, ropas, utensilios y demás objetos que puedan ser contaminados y transmitir el contagio. En casos especiales, la desinfección podrá ser reemplazada por la incineración, si así lo acordare la autoridad sanitaria.

Conc.: DFL 1, Ministerio de Salud, D.O. 24.04.2006. Artículo 4, Número 3 y artículo 12, número 2.

**Artículo 29.- Mandato de desinfección, desinfectación y desratización.** El Servicio Nacional de Salud determinará la forma y condiciones en que se efectuará la desinfección, desinsectación o desratización:

a) de las habitaciones o locales destinados a viviendas;

b) de los edificios y locales públicos y privados, como fábricas, talleres, teatros, vehículos de uso público, etc.;

c) de las ropas y de otros artículos usados o que se ofrezcan para la venta, o se presten o arrienden o empeñen;

d) de los residuos domésticos o industriales que pudieran transmitir infecciones o enfermedades parasitarias, y

e) en general, de cualquiera otros sitios u objetos que requieran dichas medidas profilácticas.

Conc.: DFL 1, Ministerio de Salud, D.O. 24.04.2006. Artículo 12, número 1.

**Artículo 30.- Prohibición a laboratorios privados sin autorización particular.** Se prohíbe a los laboratorios bacteriológicos privados sin autorización expresa de la autoridad sanitaria, cultivar los microorganismos específicos y los parásitos de las enfermedades transmisibles que no existen en el territorio de la República.

Conc.: Código Sanitario. Artículo 7.

Decreto 20, Ministerio de Salud. D.O. 28.04.2012. Aprueba reglamento de laboratorios clínicos.

Decreto 1222, Ministerio de Salud. D.O. 26.08.1997. Aprueba el reglamento del Instituto de Salud Pública de Chile. Artículo 4, número 1.

**Artículo 31.- Medidas en caso de peligro o declaración de epidemia.** En caso de peligro de epidemia o cuando ésta se hubiere declarado en cualquier lugar del territorio, el Servicio Nacional de Salud podrá disponer o tomar a su cargo el sacrificio de los animales o la eliminación de los insectos propagadores de la enfermedad, así como el saneamiento de los pantanos y demás lugares en donde la epidemia se ha desarrollado, la protección sanitaria del agua potable y el saneamiento de las aguas corrientes que se utilicen para el riego.

Conc.: Ley 18.575 Orgánica Constitucional de Bases Generales de la Administración del Estado, D.O. 17.11.2001. Artículo 5, inciso 2°.

Ley 18.755 Establece normas sobre Servicio Agrícola y Ganadero, deroga la Ley N° 16.640 y otras disposiciones, D.O. 07.01.1989. Artículo 8.

**Artículo 32.- Vacunación obligatoria.** El Servicio Nacional de Salud tendrá a su cargo la vacunación de los habitantes contra las enfermedades transmisibles.

El Presidente de la República, a propuesta del Director de Salud, podrá declarar obligatoria la vacunación de la población contra las enfermedades transmisibles para los cuales existan procedimientos eficaces de inmunización.

Igualmente, podrá declarar obligatoria la vacunación de los animales contra enfermedades transmisibles al hombre.

El Servicio Nacional de Salud podrá disponer de las medidas necesarias para que, en interés de la salud pública, las autoridades controlen el cumplimiento por parte de los habitantes del territorio nacional de la obligación de vacunarse contra las enfermedades transmisibles en los casos en que tal vacunación sea obligatoria.

Conc.: Decreto 50 Exento, Dispone vacunación obligatoria contra enfermedades inmunoprevenibles de la población del país, Ministerio de Salud. D.O. 25.09.2021.

Decreto 72, Ministerio de Salud. D.O. 12.07.2004. Numerando 2 y 3.

**Artículo 33.- Vacunación antivariólica, difteria, tos ferina.** La vacunación y revacunación antivariólica son obligatorias para todos los habitantes de la República, con las excepciones que el Servicio Nacional de Salud determine.

Igualmente, son obligatorias las vacunaciones contra la difteria y la tos ferina, dentro de las edades y en las condiciones que el Servicio Nacional de Salud determine.

En casos especiales, las personas podrán ser eximidas temporalmente de las vacunaciones exhibiendo un certificado médico que lo justifique, el que deberá ser visado por la autoridad sanitaria competente.

Conc.: Decreto 50 Exento, Dispone vacunación obligatoria contra enfermedades inmunoprevenibles de la población del país, Ministerio de Salud. D.O. 25.09.2021. Numerando 1.

**Artículo 34.- Tratamiento antirrábico.** Toda persona mordida, rasguñada o que hubiere podido ser infectada por un animal enfermo o sospechoso de tener rabia, deberá someterse al tratamiento antirrábico que determine el Servicio Nacional de Salud.

Dicho tratamiento estará a cargo de ese organismo, el que podrá disponer el examen y la internación obligatoria de las personas que se encuentren en esa situación.

Rectif.: D. O. 06.02.1968 Nº 7

Conc.: Decreto 89, Ministerio de Salud, D.O. 08.01.2003, Reglamento de prevención de la rabia en el hombre y en los animales.

**Artículo 35.- Sanidad marítima, aérea y fronteras.** Un reglamento especial fijará los requisitos sanitarios que deben cumplir los ferrocarriles, naves, aeronaves o cualquier otro medio de transporte terrestre, fluvial, marítimo o aéreo, que pudiera diseminar enfermedades en el territorio de la República.

Conc.: Decreto 263, Ministerio de Salud, D.O. 24.02.1986. Aprueba reglamento de sanidad marítima, aérea y de las fronteras.

Decreto 230, Ministerio de Relaciones Exteriores. Promulga reglamento sanitario internacional (2005). D.O. 23.12.2008.

**Artículo 36.- Delegación de facultades extraordinarias ante emergencias sanitarias.** Cuando una parte del territorio se viere amenazada o invadida por una epidemia o por un aumento notable de alguna enfermedad, o cuando se produjeren emergencias que signifiquen grave riesgo para la salud o la vida de los habitantes, podrá el Presidente de la

República, previo informe del Servicio Nacional de Salud, otorgar al Director General facultades extraordinarias para evitar la propagación del mal o enfrentar la emergencia.

Conc.: Constitución Política de la República. Artículo 19 Nº 9.

DFL 1, Ministerio de Salud, D.O. 24.04.2006.

Decreto 230, Ministerio de Relaciones Exteriores. Promulga reglamento sanitario internacional (2005). D.O. 23.12.2008.

Reglamento 136, Ministerio de Salud, Reglamento Orgánico del Ministerio de Salud.D.O. 25.06.2015.

**Artículo 37.- Potestad Ministerio de Salud.** Un Reglamento determinará las profesiones u ocupaciones que no podrán desempeñar los pacientes o portadores de gérmenes de enfermedades transmisibles.

Reglamento 136, Ministerio de Salud, Reglamento Orgánico del Ministerio de Salud. D.O. 25.06.2015. Artículo 25, letra d) y e).

## *Párrafo II*
## *DE LAS ENFERMEDADES VENÉREAS*

**Artículo 38.- Función preventiva.** El Servicio Nacional de Salud tendrá a su cargo la lucha contra las enfermedades venéreas y procurará evitar su propagación por todos los medios educacionales, preventivos o de otro orden que estime necesarios.

Conc.: Decreto 1640, Ministerio de Salud, Aprueba el reglamento de profilaxis de las enfermedades venéreas. D.O. 21.01.1943. Artículo 1 y 2.

Conc.: Decreto 206, Ministerio de Salud, Reglamento sobre infecciones de transmisión sexual. D.O. 08.05.2007. Artículo 3.

**Artículo 39.- Potestad reglamentaria.** Un Reglamento establecerá la forma y condiciones en que deba realizarse la educación sexual y antivenérea en los establecimientos educacionales, cuarteles, naves, maestranzas, fábricas, talleres, hospitales, cárceles, casas de corrección y demás establecimientos que fije el Reglamento; y las condiciones en que se podrá examinar, obligar a tratarse o internar para su curación, a las personas que se dediquen al comercio sexual y a las que estén afectadas de males venéreos que constituyan una amenaza para la salud pública.

Conc.: Decreto 1640, Ministerio de Salud, Aprueba el reglamento de profilaxis de las enfermedades venéreas. D.O. 21.01.1943. Artículo 1, 2, 11.

Decreto 206, Ministerio de Salud, Reglamento sobre infecciones de transmisión sexual. D.O. 08.05.2007. Título III: De la educación en salud sexual, Artículos 14-19.

Norma (Técnica) de profilaxis, diagnóstico y tratamiento de las infecciones de transmisión sexual (ITS). Chile. Ministerio de Salud. Subsecretaría de Salud Pública. División de Prevención y Control de Enfermedades. Departamento Programa Nacional de Prevención y Control de VIH/SIDA e ITS. 2016.

**Artículo 40.- Notificación/denuncia obligatoria.** Será obligatoria la denuncia al Servicio Nacional de Salud de los casos de enfermedades venéreas que determine el reglamento y también la de los enfermos venéreos contagiosos que se nieguen a seguir el tratamiento necesario.

Conc.: Decreto 1640, Ministerio de Salud, Aprueba el reglamento de profilaxis de las enfermedades venéreas. D.O. 21.01.1943. Párrafo II, De la denuncia venérea. Artículos 10-14.

Decreto 206, Ministerio de Salud, Reglamento sobre infecciones de transmisión sexual. D.O. 08.05.2007. Artículos 4-6.

Norma (Técnica) de profilaxis, diagnóstico y tratamiento de las infecciones de transmisión sexual (ITS). Chile. Ministerio de Salud. Subsecretaría de Salud Pública. División de Prevención y Control de Enfermedades. Departamento Programa Nacional de Prevención y Control de VIH/SIDA e ITS. 2016. Pág. 110-111.

**Artículo 41.- Vigilancia del comercio sexual.** Para las personas que se dedican al comercio sexual, se llevará una estadística sanitaria, no permitiéndose su agrupación en prostíbulos cerrados o casas de tolerancia.

La vigilancia del cumplimiento de este artículo corresponderá a las Prefecturas de Carabineros, las que deberán ordenar y llevar a efecto la clausura de los locales en que funcionan dichos prostíbulos, sin perjuicio de las sanciones que imponga el Servicio Nacional de Salud.

Las clausuras realizadas por el Cuerpo de Carabineros no podrán ser alzadas sino a solicitud del propietario del inmueble y por orden judicial expedida por el Juez Letrado en lo Civil de Mayor Cuantía correspondiente, el que resolverá con conocimiento de causa y previo informe del Servicio Nacional de Salud. Dispuesto el alzamiento de la clausura, el inmueble no podrá ser restituido sino a su propietario.

Conc.: Decreto 1640, Ministerio de Salud, Aprueba el reglamento de profilaxis de las enfermedades venéreas. D.O. 21.01.1943. Párrafo III, del comercio sexual. Artículos 26-28.

Decreto 206, Ministerio de Salud, Reglamento sobre infecciones de transmisión sexual. D.O. 08.05.2007. Artículos 10-12.

Norma (Técnica) de profilaxis, diagnóstico y tratamiento de las infecciones de transmisión sexual (ITS). Chile. Ministerio de Salud. Subsecretaría de Salud Pública. División de Prevención y Control de Enfermedades. Departamento Programa Nacional de Prevención y Control de VIH/SIDA e ITS. 2016. Pág. 34-36.

## TÍTULO III
## DE LOS LABORATORIOS DE SALUD PÚBLICA

**Artículo 42.- Laboratorios.** El Servicio Nacional de Salud establecerá en los puntos del territorio de la República que sea necesario, los laboratorios indispensables para realizar los análisis e investigaciones que se estimen apropiadas para proteger y mantener la salud pública.

Conc.: Decreto Ley 2763, Reorganiza el Ministerio de Salud y crea los Servicios de Salud, el Fondo Nacional de Salud, El Instituto de Salud Pública de Chile y la Central de Abastecimiento del Sistema Nacional del Servicio de Salud. Ministerio de Salud, D.O. 24.04.2006. Capítulo IV, Del Instituto de Salud Pública de Chile, Artículos 35-45.

Decreto 1222, Ministerio de Salud, Reglamento del Instituto de Salud Pública, D.O. 26.08.1997.

Decreto 2467 Aprueba Reglamento de Laboratorios de medición y análisis de emisiones atmosféricas provenientes de fuentes estacionarias. D.O. 18.02.1994-Ministerio de Salud.

**Artículo 43.- Potestad del Instituto de Salud Pública de Chile.** El Instituto Bacteriológico será el Laboratorio Central del Servicio Nacional de Salud y prestará ayuda técnica, asesoramiento y supervigilancia a todos los demás laboratorios de dicho Servicio distribuidos en el país.

Los Servicios de Salud otorgarán su reconocimiento como laboratorios de salud pública a todos aquellos laboratorios que cumplan los requisitos que para este efecto determinará el reglamento.

Modif.: Ley 1876 Faculta al Presidente de la República para legislar; en materia que indica y modifica legislación sanitaria, económica, municipal y sobre asociaciones gremiales en la forma que señala. D.O. 24.05.1989. Art. 10° c).

**Artículo 44.- Fabricación de productos sanitarios idóneos.** Además de las actividades señaladas en el artículo anterior y las previstas en su ley orgánica, el Instituto podrá, en caso de ausencia o insuficiencia de productos idóneos, fabricar aquellos de carácter biológico destinados al consumo por los Servicios de Salud, los demás servicios públicos o la población en general.

Modif.: Ley 1876 Faculta al Presidente de la República para legislar; en materia que indica y modifica legislación sanitaria, económica, municipal y sobre asociaciones gremiales en la forma que señala. D.O. 24.05.1989. Artículo 10, letra d).

**Artículo 45.- Reclamaciones.** Las reclamaciones que pudieren deducirse contra los resultados de exámenes o análisis que practiquen en materia sanitaria los laboratorios de los Servicios de Salud, los que éstos utilicen en los diferentes puntos del país o aquellos que hayan obtenido el reconocimiento como laboratorios de salud pública, serán resueltas por el Instituto.

Modif.: Ley 1876 Faculta al Presidente de la República para legislar; en materia que indica y modifica legislación sanitaria, económica, municipal y sobre asociaciones gremiales en la forma que señala. D.O. 24.05.1989. Artículo 10, letra e).

**Artículo 46.- Fiscalización de laboratorios.** Corresponderá a los Servicios de Salud la fiscalización de los laboratorios destinados al diagnóstico de las enfermedades del hombre y al control de factores ambientales y alimentos, como también la fiscalización de los laboratorios de certificación de calidad de éstos.

Para tales efectos, los Servicios de Salud podrán contratar los métodos o procedimientos que consideren técnicamente adecuados, con entidades externas especializadas o con el Instituto.

Modif.: Ley 1876 Faculta al Presidente de la República para legislar; en materia que indica y modifica legislación sanitaria, económica, municipal y sobre asociaciones gremiales en la forma que señala. D.O. 24.05.1989. Artículo 10, letra f).

## TÍTULO IV
## DE LAS ESTADÍSTICAS SANITARIAS

**Artículo 47.- Levantamiento de datos estadísticos.** Sin perjuicio de las atribuciones de la Dirección de Estadística y Censo y del Consejo Nacional Consultivo de Salud, el Servicio Nacional de Salud tendrá a su cargo la recolección de aquellos datos estadísticos cuyo conocimiento tenga importancia para la protección, fomento y recuperación de la salud.

Conc.: DFL 1, Ministerio de Salud, D.O. 24.04.2006. Artículo 4, número 5.

**Artículo 48.- Estadísticas vitales.** Los Oficiales del Registro Civil estarán obligados a proporcionar semanalmente a la autoridad local del Servicio Nacional de Salud, los datos necesarios para la clasificación y análisis estadístico de los nacidos vivos, fallecidos y de las defunciones fetales ocurridos en ese lapso.

Rectif.: D.O. 06.02.1968, Nº 8.

**Artículo 49.- Notificación obligatoria.** El Presidente de la República podrá establecer la notificación obligatoria a la autoridad Sanitaria, por las personas señaladas en el artículo 20º, de todas aquellas enfermedades no comprendidas en el Título II de este Libro, cuando dicha información sea necesaria para el Servicio Nacional de Salud.

Cualquiera institución pública, privada o municipal estará obligada a suministrar, dentro del plazo que fije la autoridad sanitaria, los datos estadísticos que solicite el Servicio Nacional de Salud.

Conc.: Decreto 7, Ministerio de Salud, D.O. 24.01.2020, entrada en vigencia 23.04.2020, Aprueba el Reglamento sobre notificación de enfermedades transmisibles de declaración obligatoria y su vigilancia. Artículo 1, 2 y 3.

**Artículo 50.- Defunciones por enfermedades de declaración obligatoria y aborto.** Los Oficiales del Registro Civil deberán dar a conocer de inmediato a la autoridad sanitaria local las defunciones causadas por enfermedades de declaración obligatoria y por aborto.

Este aviso se remitirá por escrito inmediatamente después de practicada la inscripción y en él se expresarán el nombre, sexo, profesión u oficio, nacionalidad, estado civil, la fecha y lugar de la defunción, causa de ésta y el último domicilio del difunto, así como el nombre y domicilio de la persona que haya solicitado la inscripción.

Rectif.: D.O. 06.02.1968 Nº 9

Conc.: Decreto 2128. Aprueba Reglamento Orgánico del Servicio de Registro Civil. Ministerio de Justicia, D.O. 28.08.1930. Artículo 89 y 93.

## TÍTULO V
## DE LA DIVULGACIÓN Y EDUCACIÓN SANITARIA

**Artículo 51.- Acciones educativas.** El Servicio Nacional de Salud deberá capacitar al individuo y a los grupos sociales mediante acciones educativas, tendientes a compenetrarlos de su responsabilidad en los problemas de salud personal y de la comunidad y para estimular su participación activa en la solución de ellos.

Conc.: Decreto 214, Ministerio de Salud, Aprueba reglamentos sobre auspicios y patrocinios del Ministerio de Salud a actividades de investigación en salud, promoción y prevención en salud de las personas o del ambiente y dispone su regulación, D.O. 13.09.2001.

**Artículo 52.- Coordinación de los programas de salud.** Las instituciones educacionales y las empresas informativas del Estado o particulares, deberán coordinar los programas que digan relación con salud u otros similares, con los del Servicio, cuando éste lo solicite.

Conc.: Decreto 214, Ministerio de Salud, Aprueba reglamentos sobre auspicios y patrocinios del Ministerio de Salud a actividades de investigación en salud, promoción y prevención en salud de las personas o del ambiente y dispone su regulación, D.O. 13.09.2001. Artículo 1.

**Artículo 53.- Publicidad engañosa.** Queda prohibida cualquiera forma de publicación o propaganda referente a higiene, medicina preventiva o curativa y ramas semejantes que, a juicio del Servicio Nacional de Salud, tienda a engañar al público o a perjudicar la salud colectiva o individual.

Conc.: Decreto 214, Ministerio de Salud, Aprueba reglamentos sobre auspicios y patrocinios del Ministerio de Salud a actividades de investigación en salud, promoción y prevención en salud de las personas o del ambiente y dispone su regulación, D.O. 13.09.2001. Artículo 2 inciso 1.

**Artículo 54.- Definición legal de publicidad engañosa.** Se considerará que desde el punto de vista sanitario se engaña al público y se perjudican los intereses de la población, cuando por medio de publicaciones, proyecciones y transmisiones o cualquier otro sistema de propaganda audio-visual, se ofrezcan o anuncien los servicios de persona o personas que no están facultadas legalmente para ejercer la medicina y demás ramas relacionadas con la prevención o curación de las enfermedades. Asimismo, no podrán anunciarse como productos medicinales, nutritivos o de utilidad médica sino aquellos que hayan sido autorizados o reconocidos como tales por el Servicio Nacional de Salud.

Conc.: Código Sanitario. Artículo 7.

Decreto 214, Ministerio de Salud, Aprueba reglamentos sobre auspicios y patrocinios del Ministerio de Salud a actividades de investigación en salud, promoción y prevención en salud de las personas o del ambiente y dispone su regulación, D.O. 13.09.2001. Artículo 2 inciso 2.

# LIBRO II
# DE LA PROFILAXIS SANITARIA INTERNACIONAL

## TÍTULO I
## DEFINICIONES

**Artículo 55.- Definiciones legales.** Para la aplicación del presente Libro y sus Reglamentos, se entenderá por:

"Aislamiento": la medida consistente en separar una persona o grupo de personas de las demás, con excepción del personal sanitario en servicio, a fin de evitar la propagación de una infección;

"Área local Infectada":

a) un área local en la cual exista un foco de peste, cólera, fiebre amarilla o viruela;

b) un área local en la cual exista una epidemia de tifus o de fiebre recurrente;

c) un área local en la cual exista peste entre los roedores ya sea en tierra o a bordo de embarcaciones portuarias, y

d) un área local o grupo de áreas locales en donde existan las mismas condiciones que en las zonas endémicas de fiebre amarilla.

"Certificado válido": tratándose de vacunación, el certificado expedido en conformidad a los reglamentos.

"Enfermedades sujetas a cuarentena": la peste, el cólera, la fiebre amarilla, la viruela, el tifo exantemático y la fiebre recurrente.

"Epidemia": la extensión de un foco infeccioso o su multiplicación.

"Foco infeccioso": núcleo activo o latente o agentes patógenos en un medio apto para su supervivencia, multiplicación y transmisión, que puede propagar enfermedades infecto-contagiosas.

"Persona infectada": una persona que padece de una enfermedad sujeta a cuarentena o que se presume que está infectada con dicha enfermedad.

"Sospechoso": toda persona que la autoridad sanitaria considere haber estado expuesta al riesgo de ser infectada por una enfermedad sujeta a cuarentena y que puede propagar dicha enfermedad.

"Visita médica": la visita e inspección de una nave, aeronave, tren o vehículo de carretera y el examen preliminar de las personas a bordo, pero no la inspección periódica de una nave hecha con el fin de determinar si hay necesidad de desratización.

"Inspección General Sanitaria": la visita de una autoridad sanitaria de puerto, a las naves mercantes nacionales cada seis meses con el objeto de verificar población marina, fumigación, estado general sanitario del buque, enfermería y equipo médico a bordo.

Conc.: Decreto 230, Ministerio de Relaciones Exteriores. Reglamento Sanitario Internacional. D.O. 23.12.2008. Título I. Definiciones, finalidad y alcance, principios, y autoridades responsables.

## TÍTULO II
## DE LA PROTECCIÓN SANITARIA INTERNACIONAL

**Artículo 56.- Medidas de acción.** Corresponde al Servicio Nacional de Salud en materia de protección sanitaria internacional:

a) adoptar en los puertos, fronteras y sitios de tránsito o tráfico, medidas contra la introducción al territorio nacional o propagación al extranjero, de enfermedades susceptibles de transmitirse al hombre;

b) recolectar datos estadísticos relativos a la morbilidad de otros países, y

c) estimular el intercambio internacional de informaciones que tengan importancia en el mejoramiento de la salud pública y en el control de las enfermedades propias del hombre.

Conc.: Decreto 230, Ministerio de Relaciones Exteriores. Reglamento Sanitario Internacional. D.O. 23.12.2008. Artículos 19-34, 19, 57 número 2, letra a).

**Artículo 57.- Propagación internacional de enfermedades.** Cuando el país está amenazado o invadido por peste, cólera, fiebre amarilla, viruela, tifo exantemático o cualquiera otra enfermedad transmisible, el Servicio Nacional de Salud deberá establecer medidas adecuadas para impedir la transmisión internacional de dichas enfermedades, ya sea que éstas puedan propagarse por medio de pasajeros y tripulación, cargamento, buques, aviones, trenes y vehículos de carreteras, así como por mosquitos, piojos, ratas u otros agentes transmisores de enfermedades.

También podrán adoptarse las medidas sanitarias pertinentes frente al conocimiento del primer caso que se presente en el extranjero de las enfermedades enumeradas en el inciso anterior.

Se comunicará por vía regular a los Gobiernos y al Organismo Internacional correspondiente, la índole y extensión de las medidas sanitarias que se hayan adoptado.

Entre las medidas señaladas en los incisos anteriores, podrá prohibirse el embarque o desembarque de pasajeros, tripulación y carga.

Conc.: Decreto 230, Ministerio de Relaciones Exteriores. Reglamento Sanitario Internacional. D.O. 23.12.2008. Artículo 2.

**Artículo 58.- Publicidad.** El Servicio Nacional de Salud en las circunstancias mencionadas en el artículo anterior, publicará las medidas preventivas que los buques u otros medios de transporte, así como los pasajeros y tripulación, deberán tomar en el punto de salida del país infectado. Dicha publicación se comunicará, por vía regular, a los representantes diplomáticos o consulares acreditados por el país infectado, así como a la Oficina Internacional correspondiente.

Conc.: Decreto 230, Ministerio de Relaciones Exteriores. Reglamento Sanitario Internacional. D.O. 23.12.2008. Artículos 24 y 44.

**Artículo 59.- Desratización en puertos.** El Servicio Nacional de Salud dará a conocer a las naciones extranjeras, la nómina de los puertos del territorio nacional, dotados de útiles y personal necesario para efectuar la desratización de los barcos.

Conc.: Decreto 230, Ministerio de Relaciones Exteriores. Reglamento Sanitario Internacional. D.O. 23.12.2008. Artículo 27, número 1, letra a)

Decreto 263, Ministerio de Salud Pública. Aprueba reglamento de sanidad marítima, aérea y de fronteras. D.O. 24.02.1986. Artículo 6.

**Artículo 60.- Notificación zona libre de infección.** El Servicio Nacional de Salud informará al Organismo Internacional correspondiente, cuando un área local infectada que no pertenezca a una zona endémica, se encuentra de nuevo libre de infección.

Se considerará que un área local infectada está de nuevo libre de infección cuando se hayan adoptado y mantenido todas las medidas profilácticas para impedir la recurrencia de la enfermedad, y su posible propagación a otras áreas, de acuerdo con el Reglamento respectivo.

Conc.: Decreto 263, Ministerio de Salud Pública. Aprueba reglamento de sanidad marítima, aérea y de fronteras. D.O. 24.02.1986. Artículo 32.

**Artículo 61.- Primera medida sanitaria de arribo.** Antes de arribar al primer puerto de escala del territorio nacional, el capitán del buque informará sobre el estado de salud a bordo y, el arribo, llenará y remitirá a la autoridad sanitaria de dicho puerto una Declaración Marítima de Sanidad, que irá refrendada por el médico de a bordo si lo hubiere.

El capitán y el médico de a bordo, si lo hubiere, suministrarán cualquier información complementaria requerida por dicha autoridad respecto a las condiciones sanitarias a bordo durante el viaje.

La Declaración Marítima de Sanidad se hará conforme al modelo especificado en el Reglamento respectivo.

Conc.: Decreto 263, Ministerio de Salud Pública. Aprueba reglamento de sanidad marítima, aérea y de fronteras. D.O. 24.02.1986. Artículo 19 y 47.

**Artículo 62.- Medidas sanitarias al arribo.** Siempre que sea posible, las autoridades locales del Servicio Nacional de Salud deberán otorgar libre plática por radio a todo buque o aeronave cuando, basándose en los informes que uno u otro suministre antes de su llegada, la autoridad sanitaria del puerto estime que su arribo no dará lugar a la introducción o propagación de una enfermedad sujeta a cuarentena.

La autoridad sanitaria de un puerto, aeropuerto o puesto fronterizo podrá someter a visita médica a todo buque, aeronave, tren o vehículo de carretera a su llegada, así como a toda persona que efectúe un viaje internacional.

Conc.: Decreto 263, Ministerio de Salud Pública, Aprueba reglamento de sanidad marítima, aérea y de fronteras. D.O. 24.02.1986. Artículos 19-28.

**Artículo 63.- Operaciones sanitarias.** El período de detención de las naves, aeronaves, trenes y vehículos de carreteras, para los fines de la inspección o tratamiento, será el más breve posible. Las medidas y formalidades sanitarias se deberán aplicar sin discriminación, iniciar inmediatamente y terminar sin tardanza.

La desinfección, desinsectación y demás operaciones sanitarias deberán ejecutarse de modo que:

a) no causen molestias indebidas a las personas ni daño alguno a su salud;

b) no causen avería alguna a la estructura de la nave, aeronave u otro vehículo o a sus maquinarias y equipos, y

c) se evite todo riesgo de incendio.

Al ejecutar dichas operaciones sobre mercancías, equipajes y demás objetos, se deberán tomar las precauciones necesarias para evitar toda avería.

Conc.: Decreto 230, Ministerio de Relaciones Exteriores. Reglamento Sanitario Internacional. D.O. 23.12.2008. Artículo 22, número 3.

**Artículo 64.- Pagos por cuarentena y fumigación de buques.** Un Reglamento determinará la suma que los buques deberán pagar por los servicios de cuarentena y fumigación, la que en ningún caso excederá del costo, más un 10% del precio de los materiales empleados.

**Artículo 65.- Notificación de área infectada.** El Servicio Nacional de Salud notificará al Organismo Internacional que corresponda, por telegrama, dentro de las veinticuatro horas de haber sido informado, que un área local se ha transformado en área infectada.

La existencia de la enfermedad así notificada, deberá comprobarse a la brevedad posible por exámenes de laboratorio y los resultados serán comunicados inmediatamente por telegrama al Organismo Internacional correspondiente.

En el curso de una epidemia, las notificaciones e informaciones prescritas en los incisos anteriores, deberán ser completadas a intervalos regulares, en comunicaciones dirigidas al Organismo Internacional respectivo.

Conc.: Decreto 230, Ministerio de Relaciones Exteriores. Reglamento Sanitario Internacional. D.O. 23.12.2008. Artículo 7.

Decreto 263, Ministerio de Salud Pública. Aprueba reglamento de sanidad marítima, aérea y de fronteras. D.O. 24.02.1986. Artículo 3.

**Artículo 66.- Reglamento de Sanidad Marítima, Aérea y de Fronteras.** Un Reglamento de Sanidad Marítima, Aérea y de Frontera establecerá la forma en que se cumplirán las disposiciones de este Libro y en especial las que se relacionan con las restricciones sanitarias a que deben someterse los inmigrantes y demás personas que deseen entrar al país;

a) el tráfico y tránsito marítimo, lacustre, terrestre y aéreo internacional;

b) los enganches y traslados de trabajadores;

c) la fijación del arancel sanitario, y

d) las restricciones sanitarias que sean indispensables para la conveniente protección de la salud pública y para evitar la propagación de enfermedades de uno a otro país.

Comentario: el Reglamento creado es el Decreto 263, Ministerio de Salud Pública. Aprueba reglamento de sanidad marítima, aérea y de fronteras. D.O. 24.02.1986.

# LIBRO III
# DE LA HIGIENE Y SEGURIDAD DEL AMBIENTE Y DE LOS LUGARES DE TRABAJO

## TÍTULO I
## NORMAS GENERALES

**Artículo 67.- Control medioambiental sanitario.** Corresponde al Servicio Nacional de Salud velar porque se eliminen o controlen todos los factores, elementos o agentes del medio ambiente que afecten la salud, la seguridad y el bienestar de los habitantes en conformidad a las disposiciones del presente Código y sus reglamentos.

Conc.: Constitución Política de la República. Artículo 19 Nº 1, 8 y 9.

Ley 20.417 Crea el Ministerio, el Servicio de Evaluación Ambiental y la Superintendencia del Medio Ambiente, D.O. 26.01.2010. Artículo 48.

DFL 850, Ministerio de Obras Públicas, Fija el texto de la Ley 15.840 y del DFL 206 de 1960, D.O. 25.02.1998, Artículo 23.

Ley 19.300 Aprueba Ley sobre bases generales del medio ambiente, D.O. 09.03.1994. Artículo 1.

Ley 18.902 Crea la Superintendencia de Servicios Sanitarios, D.O. 27.01.1990. Artículo 11.

DFL 2, Ministerio del Trabajo y Previsión Social, Dispone la reestructuración y fijas las funciones de la Dirección del Trabajo, D.O. 29.09.1976. Artículo 28.

**Artículo 68.- Reglamento de condiciones sanitarias.** Un Reglamento contendrá las normas sobre condiciones de saneamiento y seguridad de las ciudades, balnearios, campos y territorios mineros, así como los de todo sitio, edificio, vivienda, establecimiento, local o lugar de trabajo, cualquiera que sea la naturaleza de ellos.

Conc.: Ley 16.744 Establece normas sobre accidentes del trabajo y enfermedades profesionales, D.O. 01.02.1968. Artículo 68.

Decreto 132, Ministerio de Minería, Aprueba reglamento de seguridad minera, D.O. 07.02.2004. Artículos 63, 135, 143 y 394.

Decreto 594, Ministerio de Salud, Aprueba Reglamento sobre condiciones sanitarias y ambientales mínimas en los lugares de trabajo, D.O. 29.04.2000.

## TÍTULO II
## DE LA HIGIENE Y SEGURIDAD DEL AMBIENTE

### *Párrafo I*
### *DE LAS AGUAS Y DE SUS USOS SANITARIOS*

**Artículo 69.- Urbanización y saneamiento del agua.** No podrá iniciarse la construcción o remodelación de una población, sin que el Servicio Nacional de Salud haya aprobado previamente los servicios de agua potable y de alcantarillado o desagües.

Asimismo, ninguna de las viviendas que integran la población podrá ser ocupada antes de que la autoridad sanitaria compruebe que los sistemas instalados se encuentran conformes con los aprobados.

Las Municipalidades no podrán dar permiso de edificación, ni otorgar la recepción final de las construcciones, sin que se cumplan los requisitos señalados en los incisos anteriores. El Servicio Nacional de Salud podrá ordenar el desalojo de las viviendas que hayan sido ocupadas sin cumplir previamente los requisitos antes señalados.

Conc.: Ley 21.442 Aprueba nueva ley de copropiedad inmobiliaria, D.O. 13.04.2022. Artículo 48, inciso 4°.

DFL 458 Aprueba nueva Ley General de Urbanismo y Construcciones, D.O. 13.04.1976. Artículos 116, 136 y 144.

**Artículo 70.- Instalaciones sanitarias.** Las instalaciones sanitarias de viviendas, industrias o locales de cualquier naturaleza, serán materia de reglamentos especiales que dicte el Presidente de la República, previo informe de la Dirección General de Salud.

Conc.: Decreto 594, Ministerio de Salud, Aprueba Reglamento sobre condiciones sanitarias y ambientales mínimas en los lugares de trabajo, D.O. 29.04.2000.

**Artículo 71.- Autorización sanitaria de aguas.** Corresponde al Servicio Nacional de Salud aprobar los proyectos relativos a la construcción, reparación, modificación y ampliación de cualquier obra pública o particular destinada a:

a) la provisión o purificación de agua potable de una población, y

b) la evacuación, tratamiento o disposición final de desagües, aguas servidas de cualquier naturaleza y residuos industriales o mineros.

Antes de poner en explotación las obras mencionadas, ellas deben ser autorizadas por el Servicio Nacional de Salud.

Conc.: Código Sanitario. Artículo 7.

Ley 19.300 Aprueba Ley sobre bases generales del medio ambiente, D.O. 09.03.1994. Artículo 10, letra o).

DFL 382, Ministerio de Obras Públicas, Ley general de servicios sanitarios, D.O. 21.06.1989. Artículo 9 bis.

Decreto 594, Ministerio de Salud, Aprueba Reglamento sobre condiciones sanitarias y ambientales mínimas en los lugares de trabajo, D.O. 29.04.2000. Artículos 16-26.

Decreto 236, Ministerio de Higiene, Reglamento general de alcantarillados particulares, fosas sépticas, cámaras filtrantes, cámaras de contacto, cámaras absorbentes y letrinas domiciliarias, D.O. 23.05.1926.

**Artículo 72.- Vigilancia sanitaria de aguas.** El Servicio Nacional de Salud ejercerá la vigilancia sanitaria sobre provisiones o plantas de agua destinadas al uso del hombre, como asimismo de las plantas depuradoras de aguas servidas y de residuos industriales o mineros; podrá sancionar a los responsables de infracciones y en casos calificados, intervenir directamente en la explotación de estos servicios, previo decreto del Presidente de la República.

Conc.: Ley 20.417 Crea el Ministerio, el Servicio de Evaluación Ambiental y la Superintendencia del Medio Ambiente, D.O. 26.01.2010.

Ley 18.902 Crea la Superintendencia de Servicios Sanitarios, D.O. 27.01.1990.

Ley 18.575 Orgánica Constitucional de Bases Generales de la Administración del Estado, D.O. 17.11.2001. Artículo 5.

DFL 382, Ministerio de Obras Públicas, Ley general de servicios sanitarios, D.O. 21.06.1989. Artículo 1.

Decreto 41, Ministerio de Salud, Reglamento sobre condiciones sanitarias para la provisión de agua potable mediante el uso de camiones aljibe, D.O. 08.02.2018.

Decreto 735 Reglamento de los servicios de agua destinados al consumo humano, D.O. 19.12.1969.

Comentario: la Contraloría General de la República, en el dictamen N° E53.863-2020 establece criterios para delimitar la competencia de la autoridad sanitaria, ambiental y de aguas en relación con el título I párrafo II del Código Sanitario, en aplicación del principio de coordinación que rige a los órganos de la Administración del Estado. Con todo, el asunto no es pacífico en la jurisprudencia.

**Artículo 73.- Descarga de aguas servidas y residuos.** Prohíbese descargar las aguas servidas y los residuos industriales o mineros en ríos o lagunas, o en cualquier otra fuente o masa de agua que sirva para proporcionar agua potable a alguna población, para riego o para balneario, sin que antes se proceda a su depuración en la forma que se señale en los reglamentos.

Sin perjuicio de lo establecido en el Libro IX de este Código, la autoridad sanitaria podrá ordenar la inmediata suspensión de dichas descargas y exigir la ejecución de sistemas de tratamientos satisfactorios destinados a impedir toda contaminación.

Conc.: Código Penal. Artículo 305.

NCH 1333 de 1978 Requisitos de calidad del agua para diferentes usos.

Comentario: la Ley 18.173 insertó el actual título noveno, de modo que el título noveno referido en el artículo 73 es el título X en la versión vigente del Código Sanitario.

**Artículo 74.- Aguas del minero.** No se podrá ejecutar labores mineras en sitios donde se han alumbrado aguas subterráneas en terrenos particulares ni en aquellos lugares cuya explotación pueda afectar el caudal o la calidad natural del agua, sin previa autorización del Servicio Nacional de

Salud, el que fijará las condiciones de seguridad y el área de protección de la fuente o caudal correspondiente.

El Servicio Nacional de Salud podrá ordenar en todo caso la paralización de las obras o faenas cuando ellas puedan afectar el caudal o la calidad del agua.

Modif.: Ley 18.248 Código de Minería, D.O. 14.10.1983. Artículo 242.

Conc.: Ley 18.097 Ley orgánica constitucional sobre concesiones mineras, D.O. 21.01.1982. Artículo 8, inciso final.

Código de Minería. Artículos 110 y 111.

Código de Aguas. Artículo 56 bis.

Código Sanitario. Artículo 7.

Decreto 40, Ministerio del Medio Ambiente, Aprueba reglamento del sistema de evaluación de impacto ambiental, D.O. 12.08.2013. Artículo 125.

**Artículo 75.- Uso de aguas contaminadas.** Prohíbese usar las aguas de alcantarillado, desagües, acequias u otras aguas declaradas contaminadas por la autoridad sanitaria, para la crianza de moluscos y cultivos de vegetales y frutos que suelen ser consumidas sin cocer y crecen a ras de la tierra.

No obstante, estas aguas se podrán usar en el riego agrícola cuando se obtenga la autorización correspondiente del Servicio Nacional de Salud, quien determinará el grado de tratamiento, de depuración o desinfección que sea necesario para cada tipo de cultivo.

Conc.: Código Sanitario. Artículo 7.

Ley 21.075 Regula la recolección, reutilización y disposición de aguas grises, D.O. 15.02.2018.

Decreto 1775, Ministerio de Salud, Establece normas para la aplicación del artículo 75 del Código Sanitario, D.O. 19.07.1995.

**Artículo 76.- Recintos acuáticos de uso público.** Corresponderá a la autoridad sanitaria autorizar la instalación, ampliación y modificación de los balnearios, baños y piscinas destinados al uso público, como asimismo, vigilar su funcionamiento.

Modif.: Ley 18.796 Facultad al Presidente de la República para legislar en materias que indica y modifica legislación sanitaria, económica, municipal y sobre asociaciones gremiales en la forma que señala, D.O. 24.05.1989. Artículo 10, letra g).

Conc.: Código Sanitario. Artículo 7.

Decreto 209, Ministerio de Salud, Aprueba reglamento de piscinas de uso público, D.O. 08.11.2003.

## *Párrafo II*
## *DE LAS VIVIENDAS, LOCALES, CAMPAMENTOS Y DEMÁS*

**Artículo 77.- Reglamentos de condiciones sanitarias.** El reglamento comprenderá normas como las que se refieren a:

a) las condiciones de saneamiento previo de los terrenos que se destinarán a nuevas construcciones, de acuerdo con las características y las necesidades higiénicas de la localidad, sin perjuicio de lo dispuesto en las leyes especiales que rijan la materia;

b) la calidad, naturaleza y demás requisitos higiénicos que deberán tener los materiales empleados en las construcciones y reparaciones de casas, edificios y locales;

c) las condiciones sanitarias y de seguridad que deben cumplir una casa, edificio o local, para ser habitada u ofrecidos en arrendamiento y la determinación del número máximo de personas que pueden ocuparlos;

d) las condiciones sanitarias y de seguridad de los locales o sitios en que se efectúen espectáculos públicos y de esparcimiento o recreo, o se alberguen transitoriamente grupos de personas, como ser escuelas, teatro, cines, estadios, carpas, campamentos de verano, de faenas mineras u otras.

e) la prohibición de mantener determinadas especies de animales o el número máximo de ellos que pueden ser tolerados en una casa habitación o en locales públicos o privados, y las condiciones de higiene y seguridad que deben cumplirse para su mantención, y

f) la protección contra insectos, roedores y otros animales capaces de transmitir enfermedades al hombre.

Los métodos que se utilicen para los efectos de lo dispuesto en la letra f) del inciso anterior, deberán ser racionales, tender al mínimo riesgo para la salud de las personas y evitar el sufrimiento innecesario de los animales vertebrados.

Modif.: Ley 20.380 Sobre protección de animales, D.O. 03.10.2009. Artículo 19.

Conc.: Decreto 10, Ministerio de Salud, Aprueba reglamento de condiciones sanitarias, ambientales y de seguridad básicas en locales de uso público, D.O. 25.09.2010.

Decreto 594, Ministerio de Salud, Aprueba Reglamento sobre condiciones sanitarias y ambientales mínimas en los lugares de trabajo, D.O. 29.04.2000.

Decreto 289, Ministerio de Salud, Aprueba reglamento sobre condiciones sanitarias mínimas de los establecimientos educacionales, D.O. 13.11.1989.

Decreto 301, Ministerio de Salud, Aprueba reglamento sobre condiciones sanitarias mínimas de los campings o campamentos de turismo, D.O. 14.12.1984.

## *Párrafo III*
## *DE LOS DESPERDICIOS Y BASURAS*

**Artículo 78.- Reglamentos sobre disposición de basuras.** El Reglamento fijará las condiciones de saneamiento y seguridad relativas a la acumulación, selección, industrialización, comercio o disposición final de basuras y desperdicios.

Conc.: Ley 20.920 Establece marco para la gestión de residuos, la responsabilidad extendida del productor y fomento al reciclaje, D.O. 01.06.2016.

Decreto 40, Ministerio del Medio Ambiente, Aprueba reglamento del sistema de evaluación de impacto ambiental, D.O. 12.08.2013. Artículo 140.

Decreto 6, Ministerio de Salud, Aprueba reglamento sobre manejo de residuos de establecimientos de atención de salud (REAS), D.O. 04.12.2009.

Decreto 594, Ministerio de Salud, Aprueba Reglamento sobre condiciones sanitarias y ambientales mínimas en los lugares de trabajo, D.O. 29.04.2000. Artículo 16-20.

**Artículo 79.- Autorización tratamiento de basuras.** Para proceder a la construcción, reparación, modificación y ampliación de cualquier planta de tratamiento de basuras y desperdicios de cualquier clase, será necesaria la aprobación previa del proyecto por el Servicio Nacional de Salud.

Conc.: Código Sanitario. Artículo 7.

Ley 19.300 Aprueba Ley sobre bases generales del medio ambiente, D.O. 09.03.1994. Artículo 10 letra o).

Decreto 40, Ministerio del Medio Ambiente, Aprueba reglamento del sistema de evaluación de impacto ambiental, D.O. 12.08.2013. Artículo 140.

**Artículo 80.- Vigilancia de tratamiento del basuras.** Corresponde al Servicio Nacional de Salud autorizar la instalación y vigilar el funcionamiento de todo lugar destinado a la acumulación, selección, industrialización, comercio o disposición final de basuras y desperdicios de cualquier clase.

Al otorgar esta autorización, el Servicio Nacional de Salud determinará las condiciones sanitarias y de seguridad que deben cumplirse para evitar molestia o peligro para la salud de la comunidad o del personal que trabaje en estas faenas.

Conc.: Código Sanitario. Artículos 7 y 155-160.

Ley 19.300 Aprueba Ley sobre bases generales del medio ambiente, D.O. 09.03.1994. Artículo 10 letra o).

Decreto 6, Ministerio de Salud, Aprueba reglamento sobre manejo de residuos de establecimientos de atención de salud (REAS), D.O. 04.12.2009.

**Artículo 81.- Transporte de basuras.** Los vehículos y sistemas de transporte de materiales que, a juicio del Servicio Nacional de Salud, puedan significar un peligro o molestia a la población y los de transportes de basuras y desperdicios de cualquier naturaleza, deberán reunir los requisitos que señale dicho Servicio, el que, además, ejercerá vigilancia sanitaria sobre ellos.

Conc.: Decreto 6, Ministerio de Salud, Aprueba reglamento sobre manejo de residuos de establecimientos de atención de salud (REAS), D.O. 04.12.2009.

Decreto 148, Ministerio de Salud, Aprueba reglamento sanitario sobre manejo de residuos peligrosos, D.O. 16.06.2004.

Decreto 594, Ministerio de Salud, Aprueba Reglamento sobre condiciones sanitarias y ambientales mínimas en los lugares de trabajo, D.O. 29.04.2000. Artículo 19.

## TÍTULO III
## DE LA HIGIENE Y SEGURIDAD DE LOS LUGARES DE TRABAJO

**Artículo 82.- Reglamento de higiene y seguridad.** El reglamento comprenderá normas como las que se refieren a:

a) las condiciones de higiene y seguridad que deben reunir los lugares de trabajo, los equipos, maquinarias, instalaciones, materiales y cualquier otro elemento, con el fin de proteger eficazmente la vida, la salud y bienestar de los obreros y empleados y de la población en general;

b) las medidas de protección sanitaria y de seguridad que deben adoptarse en la extracción, elaboración y manipulación de substancias producidas o utilizadas en los lugares en que se efectúe trabajo humano;

c) las condiciones de higiene y seguridad que deben reunir los equipos de protección personal y la obligación de su uso.

Modif.: Ley 18.303 Modifica el Código Sanitario en lo relativo a la autorización y control de instalaciones radiactivas, D.O. 04.05.1984. Artículo único letra a).

Conc.: Ley 16.744 Establece normas sobre accidentes del trabajo y enfermedades profesionales, D.O. 01.02.1968. Artículo 65.

Decreto 6, Ministerio de Salud, Aprueba reglamento sobre manejo de residuos de establecimientos de atención de salud (REAS), D.O. 04.12.2009.

Decreto 40, Ministerio del Trabajo y Previsión Social, Aprueba reglamento sobre prevención de riesgos profesionales, D.O. 07.03.1969.

Decreto 594, Ministerio de Salud, Aprueba Reglamento sobre condiciones sanitarias y ambientales mínimas en los lugares de trabajo, D.O. 29.04.2000.

Decreto 173, Ministerio de Salud, Reglamenta autorización de laboratorios que certifiquen la calidad de elementos de protección personal contra riesgos ocupacionales, D.O. 20.10.1982.

Decreto 18, Ministerio de Salud, Certificación de calidad de elementos de protección personal contra riesgos ocupacionales, D.O. 23.03.1982.

Decreto 655, Ministerio del Trabajo, Aprueba el reglamento sobre higiene y seguridad industriales, D.O. 07.03.1941.

**Artículo 83.- Patentes de industrias.** Las Municipalidades no podrán otorgar patentes definitivas para la instalación, ampliación o traslado de industrias, sin informe previo de la autoridad sanitaria sobre los efectos que ésta puede ocasionar en el ambiente.

Para evacuar dicho informe, la autoridad sanitaria tomará en cuenta los planos reguladores comunales o intercomunales y los riesgos que el funcionamiento de la industria pueda causar a sus trabajadores, al vecindario y a la comunidad.

No obstante lo dispuesto en el inciso anterior, la autoridad sanitaria informará favorablemente una determinada actividad industrial o comercial, siempre que la evaluación sanitaria ambiental que se realice para evacuar el informe, determine que técnicamente se han controlado todos los riesgos asociados a su funcionamiento.

Modif.: Ley 18.796 Faculta al Presidente de la República para legislar en materias que indica y modifica legislación sanitaria, económica, municipal y sobre asociaciones gremiales en la forma que señala, D.O. 24.05.1989. Artículo 10, letra h).

Conc.: Decreto 2385 Fija texto del Decreto Ley Nº 3063 sobre rentas municipales, D.O. 20.11.1996. Artículo 26.

DFL 458 Aprueba nueva Ley General de Urbanismo y Construcciones, D.O. 13.04.1976.

**Artículo 84.- Traslado de industrias.** El Servicio Nacional de Salud podrá disponer el traslado de aquellas industrias o depósitos de materiales que, a su juicio, representen un peligro para la salud, seguridad y bienestar de la población.

La autoridad sanitaria no podrá exigir el traslado antes del plazo de un año, contado desde la fecha de la notificación.

Conc.: DFL 458 Aprueba nueva Ley General de Urbanismo y Construcciones, D.O. 13.04.1976. Artículo 62, inciso final.

**Artículo 85.- Aprobación de planos reguladores.** Los planos reguladores comunales o intercomunales no podrán ser aprobados sin previo informe favorable del Servicio Nacional de Salud, respecto a las materias de que trata el presente título.

Conc.: Código Sanitario. Artículo 7.

DFL 458 Aprueba nueva Ley General de Urbanismo y Construcciones, D.O. 13.04.1976. Artículo 28 ter.

**Artículo 86.- Autorización de instalaciones radiactivas.** Corresponderá a los Servicios de Salud, dentro del territorio de su competencia, otorgar la autorización previa para que puedan funcionar en él, instalaciones radiactivas, entendiéndose por tales aquellas en que se produzcan, traten, manipulen, almacenen o utilicen materiales radiactivos o equipos que generen radiaciones ionizantes.

La producción, fabricación, adquisición, posesión, uso, manipulación, almacenamiento, importación, exportación, distribución, venta, transporte, abandono o desecho de sustancias radiactivas que se utilicen o mantengan en las instalaciones radiactivas o en los equipos generadores de radiaciones ionizantes, deberán ser autorizados por dichos Servicios. Les corresponderá, asimismo, el control de las instalaciones radiactivas y de los equipos generadores de radiaciones ionizantes; y la prevención de los riesgos derivados del uso y aplicación de las sustancias radiactivas y de las radiaciones ionizantes, respecto de las personas expuestas, del elemento que las genera y del medio ambiente.

Las personas que se desempeñen en las instalaciones radiactivas, utilizando o manipulando sustancias radiactivas u operando equipos o aparatos generadores de radiaciones ionizantes, deberán tener autorización del Servicio de Salud correspondiente.

Modif.: Ley 18.303 Modifica el Código Sanitario en lo relativo a la autorización y control de instalaciones radiactivas, D.O. 04.05.1984. Artículo único letra b).

Conc.: Código Sanitario. Artículo 7.

Ley 18.302 Ley de seguridad nuclear, D.O. 02.05.1984. Artículo 67.

Decreto 133, Ministerio de Salud, Aprueba reglamento sobre autorizaciones para instalaciones radiactivas o equipos generadores de radiaciones ionizante, personal que se desempeña en ellas, u opere tales equipos y otras actividades afines, D.O. 23.08.1984.

**Artículo 87.- Estadísticas de accidentes y enfermedades profesionales.** El Servicio Nacional de Salud tendrá a su cargo la recopilación y análisis de los datos estadísticos referentes a los accidentes y enfermedades profesionales, los que le deberán ser proporcionados por el empleador, en la forma y con la periodicidad que él señale.

Las enfermedades profesionales serán notificadas por el médico que las constate, en la forma y condiciones que el Servicio Nacional de Salud establezca.

También, deberá notificar las afecciones que puedan derivarse de intoxicaciones producidas por el uso de plaguicidas o productos fitosanitarios.

Modif.: Ley 20.308 Sobre protección a los trabajadores en el uso de productos fitosanitarios, D.O. 27.12.2008. Artículo 2 N° 1.

Conc.: Ley 16.744 Establece normas sobre accidentes del trabajo y enfermedades profesionales, D.O. 01.02.1968. Artículo 76.

Decreto 101, Ministerio del Trabajo y Previsión Social, Aprueba reglamento para la aplicación de la Ley 16.744 que establece normas sobre accidentes del trabajo y enfermedades profesionales, D.O. 07.06.1968. Artículo 15.

Decreto 40, Ministerio del Trabajo y Previsión Social, Aprueba reglamento sobre prevención de riesgos profesionales, D.O. 07.03.1969. Artículo 13.

**Artículo 88.- Determinación de incapacidades permanentes.** Corresponde exclusivamente al Servicio Nacional de Salud determinar en cada caso las incapacidades permanentes debidas a accidentes del trabajo o enfermedades profesionales.

Conc.: Ley 16.744 Establece normas sobre accidentes del trabajo y enfermedades profesionales, D.O. 01.02.1968. Artículo 58.

Decreto 101, Ministerio del Trabajo y Previsión Social, Aprueba reglamento para la aplicación de la Ley 16.744 que establece normas sobre accidentes del trabajo y enfermedades profesionales, D.O. 07.06.1968. Artículo 76.

Decreto 109, Ministerio del Trabajo y Previsión Social, Aprueba el reglamento para la calificación y evaluación de los accidentes del trabajo y enfermedades profesionales, D.O. 07.06.1968.

## TÍTULO IV
## DE OTROS FACTORES DE RIESGO

### *Párrafo I*
### *DE LA CONTAMINACIÓN DEL AIRE Y DE LOS RUIDOS Y VIBRACIONES*

**Artículo 89.- Reglamentos de calidad del aire y ruido.** El Reglamento comprenderá normas como las que se refieren a:

a) la conservación y pureza del aire y evitar en él la presencia de materias u olores que constituyan una amenaza para la salud, seguridad o bienestar del hombre o que tengan influencia desfavorable sobre el uso y goce de los bienes.

La reglamentación determinará, además, los casos y condiciones en que podrá ser prohibida o controlada la emisión a la atmósfera de dichas substancias;

b) la protección de la salud, seguridad y bienestar de los ocupantes de edificios o locales de cualquier naturaleza, del vecindario y de la población en general, así como la de los animales domésticos y de los bienes, contra los perjuicios, peligros e inconvenientes de carácter mental o material que provengan de la producción de ruidos, vibraciones o trepidaciones molestos, cualquiera que sea su origen.

Conc.: Decreto 38, Ministerio del Medio Ambiente, Aprueba reglamento para la dictación de normas de calidad ambiental y de emisión, D.O. 22.07.2013.

Decreto 38, Ministerio del Medio Ambiente, Establece norma de emisión de ruidos por fuentes que indica, D.O. 12.06.2012.

Decreto 61, Ministerio de Salud, Aprueba reglamento de estaciones de medición de contaminantes atmosféricos, D.O. 19.11.2008.

Decreto 594, Ministerio de Salud, Aprueba Reglamento sobre condiciones sanitarias y ambientales mínimas en los lugares de trabajo, D.O. 29.04.2000.

Decreto 32, Ministerio de Salud, Reglamento de funcionamiento de fuentes emisoras de contaminantes atmosféricos que indica, en situaciones de emergencia de contaminación atmosférica, D.O. 24.05.1990.

Decreto 144, Ministerio de Salud, Establece normas para evitar emanaciones o contaminantes atmosféricos de cualquiera naturaleza, D.O. 02.05.1961.

### *Párrafo II*
### *DE LAS SUBSTANCIAS TÓXICAS O PELIGROSAS PARA LA SALUD*

**Artículo 90.- Reglamentación, autorización y control de sustancias peligrosas.** El Reglamento fijará las condiciones en que podrá realizarse la producción, importación, expendio, tenencia, transporte, distribución, utilización y eliminación de las substancias tóxicas y productos peligrosos de carácter corrosivo o irritante, inflamable o comburente; explosivos de uso pirotécnico y demás sustancias que signifiquen un riesgo para la salud, la seguridad o el bienestar de los seres humanos y animales.

Los productos señalados en el inciso anterior no podrán ser importados o fabricados en el país, sin autorización previa de la Dirección General de Salud.

El Director General de Salud queda facultado para controlar y prohibir en casos calificados el expendio de tales substancias y productos, cuyo uso indiscriminado pueda dar origen a accidentes o intoxicaciones, así como para decomisarlos si las circunstancias lo requieren.

Modif.: Ley 18.303 Modifica el Código Sanitario en lo relativo a la autorización y control de instalaciones radiactivas, D.O. 04.05.1984. Artículo único, letra c).

Conc.: Código Sanitario. Artículo 7.

Ley 20.920 Establece marco para la gestión de residuos, la responsabilidad extendida del productor y fomento al reciclaje, D.O. 01.06.2016. Artículo 7.

Ley 18.164 Introduce modificaciones a la legislación aduanera, D.O. 17.09.1982. Artículo 2°.

Decreto 57, Ministerio de Salud, Aprueba reglamento de clasificación, etiquetado y notificación de sustancias químicas y mezclas peligrosas, D.O. 02.02.2021.

Decreto 1, Ministerio del Medio Ambiente, Aprueba reglamento del registro de emisiones y transferencias de contaminantes, RETC, D.O. 02.05.2013.

Decreto 43, Ministerio de Salud, Aprueba el reglamento de almacenamiento de sustancias peligrosas, D.O. 29.03.2016.

**Artículo 91.- Pesticidas.** Sin perjuicio de lo dispuesto en el artículo anterior, un reglamento establecerá las condiciones en que se podrá realizar la fabricación, importación, almacenamiento, envase, distribución, o expendio a cualquier título, manipulación, formulación, uso o aplicación, de los pesticidas para uso sanitario y doméstico, así como la manipulación de los que puedan afectar la salud del hombre.

Un reglamento establecerá la forma en que tendrán lugar las fumigaciones aéreas; las condiciones y restricciones de seguridad para la salud de las personas; la forma y oportunidad en que deba informarse de su realización a los trabajadores y vecinos, y las medidas de resguardo necesarias para evitar el acceso del público y de los trabajadores al lugar afectado en los plazos que, al efecto, determine la Autoridad Sanitaria.

Modif.: Ley 20.308 Sobre protección a los trabajadores en el uso de productos fitosanitarios, D.O. 27.12.2008. Artículo 2 Nº 2.

Conc.: Decreto 157, Ministerio de Salud, Reglamento de pesticidas de uso sanitario y doméstico, D.O. 30.06.2007.

**Artículo 92.- Definición de pesticidas.** Todo producto destinado a ser aplicado en el medio ambiente con el objeto de combatir organismos capaces de producir daños en el hombre, animales, plantas, semillas y objetos inanimados será considerado pesticida.

Un reglamento establecerá los requisitos y las condiciones de seguridad que deban cumplir los establecimientos de expendio de pesticidas.

Modif.: Ley 20.308 Sobre protección a los trabajadores en el uso de productos fitosanitarios, D.O. 27.12.2008. Artículo 2 Nº 3.

Conc.: Decreto 157, Ministerio de Salud, Reglamento de pesticidas de uso sanitario y doméstico, D.O. 30.06.2007.

**Artículo 93.- Importación o fabricación de pesticidas.** Ningún pesticida podrá ser importado o fabricado en el país sin autorización del Director General de Salud, debiendo obtenerse para su venta y distribución a cualquier título, el correspondiente registro.

Exceptúanse de esta prohibición las muestras que se importen destinadas a obtener su registro, en las cantidades que determine el reglamento.

Conc.: Código Sanitario. Artículo 7.

Decreto 157, Ministerio de Salud, Reglamento de pesticidas de uso sanitario y doméstico, D.O. 30.06.2007.

# LIBRO CUARTO
# DE LOS PRODUCTOS FARMACÉUTICOS, ALIMENTICIOS, COSMÉTICOS Y ARTÍCULOS DE USO MÉDICO

## TÍTULO I
## DE LOS PRODUCTOS FARMACÉUTICOS

Modif.: Ley 20.724 Modifica el Código Sanitario en materia de regulación de farmacias y medicamentos. S.O. 14.02.2014.

**Artículo 94.- CENABAST.** Corresponderá al Ministerio de Salud velar por el acceso de la población a medicamentos o productos farmacéuticos de calidad, seguridad y eficacia, lo que llevará a cabo por sí mismo, a través de sus Secretarías Regionales Ministeriales y de los organismos que se relacionan con el Presidente de la República por su intermedio.

El Ministerio de Salud aprobará un Formulario Nacional de Medicamentos que contendrá la nómina de medicamentos esenciales identificados conforme a su denominación común internacional, forma farmacéutica, dosis y uso indicado, que constituirá el arsenal farmacoterapéutico necesario para la eficiente atención de la población, considerando su condición de salud y enfermedades prevalentes y que servirá de base para determinar los petitorios mínimos con que deberán contar los establecimientos de expendio de productos farmacéuticos. Mediante resolución del Ministro de Salud se aprobarán las monografías de cada medicamento incluido en el listado.

Corresponderá a la Central de Abastecimiento del Sistema Nacional de Servicios de Salud velar por la adecuada disponibilidad de medicamentos en el sector y arbitrar las medidas que al respecto le indique el Ministerio.

Modif.: Ley 21.198, Autoriza la intermediación de medicamentos por parte de CENABAST a almacenes farmacéuticos, farmacias privadas y establecimientos de salud sin fines de lucro. D.O. 08.01.2020. Artículo 1, número 1.

**Artículo 95.- Producto farmacéutico.** Se entenderá por producto farmacéutico o medicamento cualquier substancia natural, biológica, sintética o las mezclas de ellas, originada mediante síntesis o procesos químicos, biológicos o biotecnológicos, que se destine a las personas con fines de prevención, diagnóstico, atenuación, tratamiento o curación de las enfermedades o sus síntomas o de regulación de sus sistemas o estados fisiológicos particulares, incluyéndose en este concepto los elementos que acompañan su presentación y que se destinan a su administración.

Queda prohibida la fabricación, importación, tenencia, distribución y transferencia, a cualquier título, de medicamentos adulterados, falsificados, alterados o contaminados. Las autoridades sanitarias señaladas en el artículo 5° que detecten la existencia de medicamentos que revistan las condiciones anotadas estarán facultadas para su inmediato decomiso, cualquiera sea el sitio o local en el que se encuentren, sin perjuicio de la instrucción del sumario sanitario pertinente y la eventual aplicación de las sanciones que de ello se deriven.

Modif.: Ley 20.724, Modifica el Código Sanitario de regulación de farmacias y medicamentos, D.O. 14.02.2014. Artículos 1, número 1.

Ley 21.198, Autoriza la intermediación de medicamentos por parte de CENABAST a almacenes farmacéuticos, farmacias privadas y establecimientos de salud sin fines de lucro. D.O. 08.01.2020. Artículo 1, número 1.

Conc.: Decreto 3, Aprueba reglamento del sistema nacional de control de los productos farmacéuticos de uso humano, Ministerio de Salud, D.O. 21.06.2011. Artículo 7.

**Artículo 96.- Potestad de control y fiscalización sanitario de productos farmacéuticos.** El Instituto de Salud Pública de Chile será la autoridad encargada en todo el territorio nacional del control sanitario de los productos farmacéuticos, de los establecimientos del área y de fiscalizar el cumplimiento de las disposiciones que sobre esta materia se contienen en este Código y sus reglamentos.

Corresponderá asimismo a este Instituto, de oficio o a petición de parte, resolver el régimen de control sanitario que pudiere ser aplicable a determinadas substancias o productos, conforme a sus características o finalidad perseguida.

Contra las actuaciones y resoluciones que adopte el Director del Instituto en el ejercicio de sus funciones en relación con las materias a que se refiere este Código, con excepción de las sentencias recaídas en los sumarios sanitarios de su competencia, podrá interponerse recurso de reclamación ante el Ministro de Salud, dentro del plazo de cinco días contado desde la fecha de notificación de la respectiva resolución.

Mediante uno o más reglamentos, expedidos por el Presidente de la República a través del Ministerio de Salud, se determinarán las normas sanitarias que, de conformidad con las disposiciones de este Código, regulen la importación, internación, exportación, producción, elaboración, fraccionamiento, almacenamiento, tenencia, transporte, distribución a título gratuito u oneroso, expendio, farmacovigilancia, trazabilidad, publicidad, promoción o información profesional, uso médico o en investigación científica de productos farmacéuticos.

La reglamentación que se dicte al efecto contendrá, además, las normas que permitan garantizar la calidad del producto en todas las actividades señaladas precedentemente, según corresponda, sin perjuicio de la responsabilidad que en esta materia recaerá sobre la entidad pública o privada que desarrolle la actividad de que se trate, la que deberá implementar un adecuado sistema para su aseguramiento.

Los requisitos de calidad exigibles al producto estarán determinados por su registro sanitario, teniendo como referencia las farmacopeas oficialmente reconocidas en el país, mediante la correspondiente resolución ministerial.

Modif.: Ley 20.724, Modifica el Código Sanitario de regulación de farmacias y medicamentos, D.O. 14.02.2014. Artículos 1, número 1.

Conc.: Constitución Política de la República. Artículo 32, número 6.

Ley 1222, Aprueba reglamento del Instituto de Salud Pública de Chile, Ministerio de Salud, D.O. 26.08.1997. Artículo 4, letra b), 6.

Decreto 3, Aprueba reglamento del sistema nacional de control de los productos farmacéuticos de uso humano, Ministerio de Salud, D.O. 21.06.2011. Título preliminar: Ámbito de aplicación y autoridades competentes, artículo 4. Título I, de los productos farmacéuticos, artículos 7-9. Título XI, De los procedimientos, sanciones y recursos, artículos 222-225.

Ley 19.880, Establece bases de los procedimientos administrativos que rigen los actos de los órganos de la administración del Estado, D.O. 29.05.2003.

Decreto 14, Aprueba Convenios de encomendación de funciones del Instituto de Salud Pública de Chile para ser asumidas por las Secretarías Regionales Ministeriales de Salud en el ámbito de autorización, control y fiscalización sanitaria de establecimientos y productos farmacéuticos, Ministerio de Salud, D.O. 15.03.2017.

Comentario: en caso de dudas respecto del régimen de control aplicable, ello lo debe resolver el Instituto de Salud Pública. Ver Decreto 3, Ministerio de Salud, Aprueba reglamento del sistema nacional de control de los productos farmacéuticos de uso humano, D.O. 25.06.2011. Artículos 8 y 9.

**Artículo 97.- Registro de productos farmacéuticos.** El Instituto de Salud Pública de Chile llevará un registro de todos los productos farmacéuticos evaluados favorablemente en cuanto a su eficacia, seguridad y calidad que deben demostrar y garantizar durante el período previsto para su uso. Ningún producto farmacéutico podrá ser distribuido en el país sin que haya sido registrado.

Los productos farmacéuticos destinados exclusivamente a la exportación se someterán al procedimiento de registro sanitario que determine el reglamento que se dicte al efecto, considerando su composición, especificaciones técnicas, rotulado y buenas prácticas de manufactura.

Corresponderá al Ministerio de Salud pronunciarse en forma previa a la cancelación del registro de un medicamento. Tratándose de la cancelación de un registro, el Instituto deberá comunicar a su titular la solicitud de informe dirigida al Ministerio de Salud. El Instituto no podrá cancelar el registro sanitario frente a un pronunciamiento negativo del Ministerio al respecto, sin perjuicio de los recursos administrativos y judiciales que procedan por parte del titular del registro u otros interesados.

Modif.: Ley 20.724, Modifica el Código Sanitario de regulación de farmacias y medicamentos, D.O. 14.02.2014. Artículos 1, número 1.

Conc.: Código Sanitario. Artículo 7.

Ley 1222, Aprueba reglamento del Instituto de Salud Pública de Chile, Ministerio de Salud, D.O. 26.08.1997. Artículos, 2 y 4, número 2.

Decreto 3, Aprueba reglamento del sistema nacional de control de los productos farmacéuticos de uso humano, Ministerio de Salud, D.O. 21.06.2011. Título X, De la vigilancia sanitaria, párrafo primero: de la fármacovigilancia, artículos 216-220.

**Artículo 98.- Manejo de estupefacientes, psicotrópicos y substancias que produzcan efectos análogos.** Los productos estupefacientes, psicotrópicos y demás substancias que produzcan efectos análogos se regirán por los reglamentos específicos que al efecto se dicten, los cuales abordarán su registro sanitario, la importación, internación, exportación, circulación, producción, elaboración, fraccionamiento, almacenamiento, tenencia, transporte, distribución a título gratuito u oneroso, expendio o venta, farmacovigilancia y trazabilidad, publicidad, promoción o información profesional, uso médico o en investigación científica y otras actuaciones que requieran resguardos especiales, todo lo cual se sujetará a los tratados y convenios internacionales suscritos y vigentes en Chile y a las disposiciones de este Código.

Cuando lo requiera la debida protección de la salud pública, por decreto fundado del Presidente de la República, expedido a través del Ministerio de Salud previo informe del Instituto de Salud Pública de Chile, podrán aplicarse todas o algunas de las normas reglamentarias señaladas en el inciso anterior a otras substancias o productos, cuyo uso o consumo indiscriminado pudiere generar un riesgo o daño al usuario.

Modif.: Ley 20.724, Modifica el Código Sanitario de regulación de farmacias y medicamentos, D.O. 14.02.2014. Artículos 1, número 1.

Conc.: Ley 1222, Aprueba reglamento del Instituto de Salud Pública de Chile, Ministerio de Salud, D.O. 26.08.1997. Artículo 4, número 4.

Decreto 3, Aprueba reglamento del sistema nacional de control de los productos farmacéuticos de uso humano, Ministerio de Salud, D.O. 21.06.2011. Título X, De la vigilancia sanitaria, párrafo primero: de la fármacovigilancia, artículos 216-220.

Decreto 466, Aprueba reglamento de farmacias, droguerías, almacenes farmacéuticos, botiquines y depósitos autorizados, Ministerio de Salud, D.O. 12.03.1985. Artículo 34.

Decreto 404, Ministerio de Salud, Reglamento de estupefacientes, D.O. 20.02.1984.

Decreto 405, Ministerio de Salud, Reglamento de productos psicotrópicos, D.O. 20.02.1984.

**Artículo 99.- Autorización provisional de productos farmacéuticos.** Sin perjuicio de lo dispuesto en el artículo 97, el Instituto de Salud Pública de Chile podrá autorizar provisionalmente la distribución, venta o expendio y uso de productos farmacéuticos sin previo registro, para ensayos clínicos u otro tipo de investigaciones científicas, como asimismo para usos medicinales urgentes derivados de situaciones de desabastecimiento o inaccesibilidad que puedan afectar a las personas consideradas individual o colectivamente. Con todo, no se podrá desarrollar un protocolo de investigación en medicamentos no registrados o para nuevos usos en medicamentos registrados sin un informe favorable del Comité Ético Científico que corresponda.

La Central de Abastecimiento del Sistema Nacional de Servicios de Salud podrá solicitar ante el Instituto el registro sanitario de productos farmacéuticos contemplados en planes, programas o acciones de salud que se lleven a cabo en dicho Sistema, así como de aquellos que sean necesarios para el cumplimiento de sus funciones y facultades. Dicho registro autorizará la distribución de los productos y no obstará a su libre comercialización por parte de terceros.

Modif.: Ley 20.724, Modifica el Código Sanitario de regulación de farmacias y medicamentos, D.O. 14.02.2014. Artículos 1, número 1.

Conc.: Código Sanitario. Artículo 7.

Ley 20120 sobre la investigación científica en el ser humano, su genoma, y prohibe la clonación humana, D.O. 22.09.2006. Artículos 20 y 21.

Decreto 114, Aprueba reglamento de la Ley 21120 sobre la investigación científica en el ser humano, su genoma, y prohibe la clonación humana, Ministerio de Salud. D.O. 19.11.2011. Título II. Artículos 9-15.

**Artículo 100.- Incentivo en la venta de productos farmacéuticos.** La venta al público de productos farmacéuticos sólo podrá efectuarse previa presentación de la receta del profesional habilitado que los prescribe, salvo aquellos medicamentos que se autoricen para su venta directa en el respectivo registro sanitario.

La publicidad y demás actividades destinadas a dar a conocer al consumidor un producto farmacéutico sólo estarán permitidas respecto de medicamentos de venta directa y en los términos establecidos en el respectivo registro sanitario y conforme a lo señalado en los artículos 53 y 54 de este Código.

La promoción del producto farmacéutico destinada a los profesionales habilitados para su prescripción, dentro de las indicaciones de utilidad terapéutica del respectivo registro sanitario, no podrá efectuarse a través de medios de comunicación social dirigidos al público en general.

Dicha promoción podrá incluir la entrega de muestras médicas a estos profesionales en los términos dispuestos en los respectivos registros, para ser proporcionados, a título gratuito, a las personas que utilizan sus servicios.

Prohíbese la donación de productos farmacéuticos realizada con fines publicitarios, como asimismo los incentivos de cualquier índole que induzcan a privilegiar el uso, prescripción, dispensación, venta o administración de uno o más productos farmacéuticos a cualquier persona. Con todo, el Ministerio de Salud, mediante decreto supremo fundado, podrá incluir dentro de esta prohibición algunos elementos de uso médico.

Se entenderá por incentivo cualquier pago, regalo, servicio o beneficio económico entregado o realizado a las personas, por parte de laboratorios farmacéuticos, droguerías, importadores o distribuidores de medicamentos o establecimientos farmacéuticos, por quienes los representen o, en general, por quienes tengan algún interés en que se privilegie el uso de uno o más productos o dispositivos.

Los titulares de registros, permisos o autorizaciones sanitarias, los establecimientos del área de la salud y cualquier persona natural o jurídica que participe en la producción, distribución, intermediación, comercialización, expendio o administración de productos farmacéuticos, alimentos especiales o elementos de uso médico, podrán financiar, total o parcialmente, transferir o entregar, a título gratuito o a precios preferentes, esta clase de productos a los pacientes que los requieran, sujeto a las regulaciones legales, caso en el cual el beneficiario tendrá derecho a continuar percibiendo el beneficio otorgado, en iguales o mejores condiciones, mientras subsista la utilidad terapéutica del producto de que se trate.

Con todo, esta restricción no impide la aplicación de beneficios otorgados al consumidor final a través de convenios, prestaciones de bienestar, acuerdos colectivos u otros similares que signifiquen rebajas o descuentos en los precios en forma genérica y que, en ningún caso, impliquen el incentivo del que trata el presente artículo.

Sin perjuicio de lo señalado en los incisos anteriores, se permitirá la donación de productos farmacéuticos a establecimientos asistenciales sin fines de lucro, siempre que aquellos se encuentren comprendidos en el Formulario Nacional de Medicamentos.

Los medicamentos deberán presentarse en envases que dificulten a los menores su ingesta no asistida y no podrán tener forma de dulces, golosinas, confites, figuras, juguetes o cualquier otra que promueva su consumo, según se determine en el respectivo reglamento.

Modif.: Ley 20.724, Modifica el Código Sanitario de regulación de farmacias y medicamentos, D.O. 14.02.2014. Artículos 1, número 1.

Ley 20.895 Modifica el artículo 100 del Código Sanitario en materia de incentivos en la venta de productos farmacéuticos. D.O. 26.01.2016. Artículo 1.

Conc.: Ley 20850 Crea un sistema de protección financiera para diagnóstico y tratamientos de alto costo y rinde homenaje póstumo a don Luis Ricarte Soto Gallegos, D.O. 06.06.2015. Artículo 34.

Comentario: el artículo 2 de la Ley 20.895 prescribe que la prohibición de incentivos que induzcan a privilegiar el uso de determinado producto farmacéutico constituye una proscripción absoluta, que afecta a los incentivos dirigidos a uno o más productos, conjunta o separadamente.

**Artículo 100 bis.- Medicamentos de venta directa.** Los medicamentos de venta directa deberán presentarse en envases que contengan en su exterior la indicación terapéutica necesaria para adoptar la decisión de compra y asegurar una adecuada administración, en conformidad a lo que señale el reglamento.

Los envases deberán contar con sellos que permitan verificar si el contenido ha sido manipulado.

Modif.: Ley 20.724, Modifica el Código Sanitario de regulación de farmacias y medicamentos, D.O. 14.02.2014. Artículos 1, número 1.

Conc.: Decreto 466, Aprueba reglamento de farmacias, droguerías, almacenes farmacéuticos, botiquines y depósitos autorizados, Ministerio de Salud, D.O. 12.03.1985. Artículo 32, número 1.

**Artículo 101.- Receta profesional.** La receta es el instrumento privado mediante el cual el profesional habilitado para prescribir indica a una persona identificada y previamente evaluada, como parte integrante del acto médico y por consiguiente de la relación clínica, el uso y las condiciones de empleo de un producto farmacéutico individualizado por su denominación de fantasía, debiendo agregar, a modo de información, la denominación común internacional que autorizará su intercambio, en caso de existir medicamentos bioequivalentes certificados, en los términos del inciso siguiente.

Si el medicamento prescrito es de aquellos que deben demostrar bioequivalencia según decreto supremo fundado, el químico farmacéutico, a solicitud del paciente, dispensará alguno de los productos que, siendo bioequivalentes del prescrito, hayan demostrado tal exigencia en conformidad a los requisitos contenidos en el respectivo decreto supremo expedido a través del Ministerio de Salud, los que deberán ajustarse a la normativa de la Organización Mundial de la Salud.

Si el medicamento prescrito es de aquellos que no requieren demostrar bioequivalencia, el químico farmacéutico lo dispensará conforme a la receta médica.

Será obligación de los establecimientos de expendio poner a disposición de quien requiera la dispensación de un medicamento, un listado de los productos que deben demostrar bioequivalencia de acuerdo al decreto señalado precedentemente.

Asimismo, será obligación de los referidos establecimientos de expendio contar con un petitorio farmacéutico, en los términos indicados en el artículo 94 de este Código, el cual será aprobado mediante resolución del Ministro de Salud, indicando los medicamentos que deban obligatoriamente ponerse a disposición del público. Esta exigencia incluirá todos los medicamentos que, conteniendo el mismo principio activo y dosis por forma farmacéutica, hayan demostrado su bioequivalencia, todo ello conforme a las normas reglamentarias establecidas a través del Ministerio de Salud.

La prescripción indicará asimismo el período de tiempo determinado para el tratamiento total, o a repetir periódicamente, según lo indicado por el profesional que la emitió.

La receta profesional deberá ser extendida en documento gráfico o electrónico cumpliendo con los requisitos y resguardos que determine la reglamentación pertinente y será entregada a la persona que la requirió o a un tercero cuando aquella lo autorice. El reglamento establecerá al menos los elementos técnicos que impidan o dificulten la falsificación o la sustitución de la receta, tales como el uso de formularios impresos y foliados, código de barras u otros. Si es manuscrita deberá extenderse con letra imprenta legible. En caso alguno la utilización de receta electrónica podrá impedir que el paciente pueda utilizar este instrumento en el establecimiento farmacéutico que libremente prefiera, pudiendo siempre exigir la receta en documento gráfico.

La prescripción de los productos a que se refiere el artículo 98 se regirá por las regulaciones contenidas en la reglamentación específica que sea aplicable a los mismos.

La receta y su contenido, los análisis y exámenes de laboratorios clínicos y los servicios prestados relacionados con la salud serán reservados y considerados datos sensibles sujetándose a lo establecido en la ley N° 19.628.

Lo dispuesto en este artículo no obsta a que las farmacias puedan dar a conocer, para fines estadísticos, las ventas de productos farmacéuticos de cualquier naturaleza, incluyendo la denominación y cantidad de ellos. En ningún caso la información que proporcionen las farmacias consignará el nombre de las personas destinatarias de las recetas, ni el de los médicos que las expidieron, ni datos que sirvan para identificarlos.

El propietario, el director técnico y el auxiliar de la farmacia en que se expenda un medicamento diferente del indicado en la receta, contraviniendo lo dispuesto en el presente artículo, serán sancionados conforme a lo dispuesto en el Libro Décimo.

En los casos en que se emita receta electrónica, ésta deberá constar en un documento electrónico suscrito por parte del facultativo autorizado en esta ley según lo dispuesto en el reglamento.

El reglamento establecerá las situaciones y casos en que se podrá exceptuar la aplicación de lo dispuesto en el inciso primero, tales como ruralidad, ubicación geográfica, disponibilidad tecnológica u otras situaciones de similar naturaleza.

Modif.: Ley 20.724, Modifica el Código Sanitario de regulación de farmacias y medicamentos, D.O. 14.02.2014. Artículos 1, número 1, artículo 2.

Conc.: Decreto 466, Aprueba reglamento de farmacias, droguerías, almacenes farmacéuticos, botiquines y depósitos autorizados, Ministerio de Salud, D.O. 12.03.1985. Artículo 33, número 1, 34, 38.

## TÍTULO II
## DE LOS PRODUCTOS ALIMENTICIOS

### *Párrafo I*
### *DE LOS PRODUCTOS ALIMENTICIOS EN GENERAL*

**Artículo 102.- Definición.** Se entenderá por alimentos o productos alimenticios cualquier substancia o mezcla de substancias destinadas al consumo humano, incluyendo las bebidas y todos los ingredientes y aditivos de dichas substancias.

Se considerarán alimentos especiales aquellos productos o preparados destinados al consumo humano con fines particulares de nutrición, utilizados en el tratamiento de determinadas patologías o condiciones de salud, que requieran de modalidades de administración no parenteral, tales como la vía oral u otras, y de supervigilancia especial por personal del área de la salud.

Modif.: Ley 20.724, Modifica el Código Sanitario de regulación de farmacias y medicamentos, D.O. 14.02.2014. Artículo 1 Nº 1º.

Conc.: Decreto Ley 825, Ley sobre impuesto a las ventas y servicios, D.O. 31.12.1974. Artículos 42-45.

Ley 18.164 Introduce modificaciones a la legislación aduanera, D.O. 17.09.1982. Artículo 2º.

Decreto 977, Ministerio de Salud, Aprueba reglamento sanitario de los alimentos, D.O. 13.05.1997.

**Artículo 103.- Vigilancia alimentaria.** Corresponderá a la Secretaría Regional Ministerial de Salud autorizar y fiscalizar, dentro de su territorio de competencia, la instalación de los locales destinados a la producción, elaboración, envase, almacenamiento, distribución y venta de alimentos y de los mataderos y frigoríficos, públicos y particulares.

Corresponderá asimismo a dicha autoridad realizar, directamente o mediante delegación a entidades públicas o privadas idóneas o a profesionales calificados, la inspección médico-veterinaria de los animales que se beneficien y de las carnes.

Modif.: Ley 20.724, Modifica el Código Sanitario de regulación de farmacias y medicamentos, D.O. 14.02.2014. Artículo 1 Nº 1º.

Conc.: Código Sanitario. Artículos 155-182.

**Artículo 104.- Composición de los alimentos.** Los productos alimenticios deberán responder a sus caracteres organolépticos y, en su composición química y características microbiológicas, a sus nomenclaturas y denominaciones legales y reglamentarias.

Se prohíbe la fabricación, importación, tenencia, distribución y transferencia, a cualquier título, de productos alimenticios contaminados, adulterados, falsificados o alterados.

Modif.: Ley 20.724, Modifica el Código Sanitario de regulación de farmacias y medicamentos, D.O. 14.02.2014. Artículo 1 Nº 1º.

Conc.: Código Penal. Artículo 315.

Decreto 977, Ministerio de Salud, Aprueba reglamento sanitario de los alimentos, D.O. 13.05.1997.

**Artículo 105.- Características de los alimentos.** El reglamento determinará las características que deberán reunir los alimentos o productos alimenticios destinados al consumo humano, las condiciones sanitarias a las que deberá ceñirse su producción, importación, internación, elaboración, envase, rotulación, almacenamiento, distribución y venta, las condiciones especiales de uso, si fuere del caso, las de vigilancia de los alimentos especiales y los demás requisitos sanitarios que deberán cumplir los establecimientos, medios de transporte y distribución destinados a dichos fines.

Conc.: Decreto 977, Ministerio de Salud, Aprueba reglamento sanitario de los alimentos, D.O. 13.05.1997.

### *Párrafo II*
### *DE LA LECHE Y LOS PRODUCTOS LÁCTEOS*

Modif.: Ley 21.179 Establece normas sobre elaboración, denominación y etiquetado de productos lácteos o derivados de la leche, D.O. 02.11.2019. Artículo único Nº 2.

**Artículo 105 bis.- Definiciones.** Leche es la secreción mamaria normal exenta de calostro de animales lecheros, obtenida mediante una o más ordeñas, sin ningún tipo de adición o extracción, destinada al consumo en forma de leche líquida o a elaboración ulterior.

La leche se clasifica en:

a) Leche cruda: es aquella que no ha pasado por el proceso de pasteurización, tratamiento a ultra alta temperatura UHT o esterilización. Deberá ser sometida a enfriamiento de acuerdo a lo establecido en el Reglamento Sanitario de los Alimentos.

b) Leche natural: es aquella que ha sido sometida a estandarización de su contenido de materia grasa y a procesos térmicos utilizados para eliminar agentes patógenos, tales como pasteurización, tratamiento UHT o esterilización. No será considerada como leche natural la reconstituida ni la recombinada.

c) Leche reconstituida: es el producto obtenido por adición de agua potable a la leche concentrada o a la leche en polvo, en proporción tal que cumpla los requisitos sanitarios y características establecidas en el Reglamento Sanitario de los Alimentos, y su contenido de materia grasa corresponda a alguno de los tipos de leche señalados en el referido reglamento. Deberá ser pasteurizada, sometida a tratamiento UHT o esterilizada.

d) Leche recombinada: es el producto obtenido de la mezcla de leche descremada, grasa de leche y agua potable, en proporción tal que cumpla los requisitos sanitarios y características establecidas en el Reglamento Sanitario de los Alimentos, y su contenido de materia grasa corresponda a alguno de los tipos de leche señalados en el referido reglamento. Deberá ser pasteurizada, sometida a tratamiento UHT o esterilizada.

Modif.: Ley 21.179 Establece normas sobre elaboración, denominación y etiquetado de productos lácteos o derivados de la leche, D.O. 02.11.2019. Artículo único N° 2.

Conc.: Decreto 977, Ministerio de Salud, Aprueba reglamento sanitario de los alimentos, D.O. 13.05.1997. Artículos 197-242.

**Artículo 105 ter.- Otros animales.** La expresión "leche", sin otra denominación, es el producto de la ordeña de la vaca. Las leches de otros animales deberán denominarse según la especie de que proceden, como también los productos que de ellas deriven.

Se prohíbe catalogar y etiquetar como leche natural a las leches que se enmarquen en las definiciones de los literales a), c) y d) del artículo 105 bis.

Asimismo, se prohíbe catalogar y etiquetar como leche a un producto que no sea de origen animal y que no cumpla con lo establecido en el inciso primero de este artículo y en el artículo 105 bis.

Modif.: Ley 21.179 Establece normas sobre elaboración, denominación y etiquetado de productos lácteos o derivados de la leche, D.O. 02.11.2019. Artículo único N° 2.

**Artículo 105 quáter.- Etiquetado y rotulación.** Las botellas o envases de leche líquida y en polvo que se vendan al público deberán contener una etiqueta o rótulo en su parte frontal y cerca de la marca, que señale en forma clara la denominación y naturaleza de la leche, según lo establecido en el inciso segundo del artículo 105 bis.

En caso de que la leche no provenga de la vaca, se deberá indicar, en la parte frontal de la botella o envase y al lado de la palabra leche, el nombre de la especie de la que procede.

La leche líquida que se venda al público compuesta por una mezcla de distintos tipos de leche, de acuerdo a la clasificación del inciso segundo del artículo 105 bis, en la etiqueta o rotulado frontal del envase o botella deberá indicar los tipos de leche que la componen.

Las botellas o envases de leche líquida y en polvo, en su parte frontal, deberán señalar en una etiqueta o rótulo el nombre del país de ordeña junto a la imagen de su respectiva bandera. En caso de que se venda mezcla de leches de distintos países, deberá indicarse que se integra por leche extranjera, señalando los nombres de los países de ordeña junto a las imágenes de sus respectivas banderas.

Adicionalmente, se deberá indicar el nombre y domicilio del fabricante o importador de la leche contenida en el respectivo envase o botella.

En las botellas o envases de leche líquida y en polvo se deberá indicar, de manera clara, expresa y legible, la tecnología o tratamiento térmico primario utilizado para eliminar agentes patógenos en la leche, tales como, pasteurización, tratamiento a ultra alta temperatura UHT o esterilización. En caso de otros procedimientos térmicos, estos deberán ser informados mediante un código de respuesta rápida, Código QR, u otro medio electrónico de lectura de información equivalente, estampado en la botella o envase.

En los envases o botellas deberán indicarse los componentes naturales de la leche que hayan sido reemplazados total o parcialmente o aquellos que hubieran sido adicionados, en conformidad a lo establecido en el Reglamento Sanitario de los Alimentos. Además, se deberá indicar el porcentaje de leche natural que contiene la leche de acuerdo a las definiciones establecidas en la presente ley y en el referido reglamento.

La leche reconstituida se rotulará en el cuerpo del envase como "Elaborada con leche en polvo o concentrada" o a la inversa según sea el componente predominante, entera, parcialmente descremada o descremada, según corresponda, con caracteres de igual tamaño, realce y visibilidad, con indicación de pasteurizada, tratamiento UHT, esterilizada, según sea el caso. Se deberá indicar, además, la fecha de vencimiento o plazo de duración.

Modif.: Ley 21.179 Establece normas sobre elaboración, denominación y etiquetado de productos lácteos o derivados de la leche, D.O. 02.11.2019. Artículo único N° 2.

Conc.: Decreto 977, Ministerio de Salud, Aprueba reglamento sanitario de los alimentos, D.O. 13.05.1997. Artículos 106-129.

**Artículo 105 quinquies.- Lácteos.** Producto lácteo es aquel obtenido mediante cualquier elaboración de la leche, que puede contener aditivos alimentarios y otros ingredientes funcionalmente necesarios para la elaboración.

Queso es el producto madurado o sin madurar, sólido o semisólido, obtenido coagulando leches descremadas, parcialmente descremadas, crema, crema de suero, suero de queso o suero de mantequilla debidamente pasteurizado o una combinación de estas materias, por la acción de cuajo u otros coagulantes apropiados, tales como enzimas específicas o ácidos orgánicos permitidos, y separando parcialmente el suero que se produce como consecuencia de tal coagulación.

Bebida láctea es el producto elaborado con base en leche, con un mínimo de 30% de leche en el producto final, tal como se consume de acuerdo a las definiciones de leche líquida y en polvo, y a sus características y clasificaciones señaladas en la presente ley y en el Reglamento Sanitario de los Alimentos. Podrá tener agregados de otros ingredientes alimentarios, tales como nutrientes, factores alimentarios y aditivos permitidos. La bebida láctea se podrá presentar líquida lista para el consumo o en polvo para reconstituir con un líquido apropiado antes del consumo.

Modif.: Ley 21.179 Establece normas sobre elaboración, denominación y etiquetado de productos lácteos o derivados de la leche, D.O. 02.11.2019. Artículo único N° 2.

Conc.: Decreto 977, Ministerio de Salud, Aprueba reglamento sanitario de los alimentos, D.O. 13.05.1997. Artículos 213-242.

**Artículo 105 sexies.- Etiquetado y rotulación lácteos.** Las botellas o envases de productos que se enmarquen en la definición del inciso primero del artículo 105 quinquies deberán contener una etiqueta o rótulo en su parte frontal y cerca de la marca, que señale en forma clara el nombre del producto lácteo según se establece en el Reglamento Sanitario de los Alimentos. Se deberá indicar, además, el nombre del país o países de ordeña de la leche con la cual ha sido elaborado el producto junto a la imagen de su respectiva bandera, y el tipo de leche utilizada en su elaboración de acuerdo a las definiciones contenidas en la presente ley y en el referido reglamento.

En el caso que en la fabricación de queso se emplee leche líquida que no sea de vaca, deberá indicarse en el cuerpo del envase, de forma visible y destacada, la especie de donde procede la leche, así como también cuando se empleen mezclas de leches.

En toda elaboración de queso en que se utilice leche en polvo deberá indicarse en el cuerpo del envase, con letra legible y bajo el nombre del producto la frase "elaborado con leche reconstituida" o "elaborado con leche recombinada", según sea el caso.

Las botellas o envases de productos que se enmarquen en la definición del inciso tercero del artículo 105 quinquies deberán contener una etiqueta o rótulo en su parte frontal y cerca de la marca, que señale en forma clara su denominación "bebida láctea" y el porcentaje de leche que contiene.

Modif.: Ley 21.179 Establece normas sobre elaboración, denominación y etiquetado de productos lácteos o derivados de la leche, D.O. 02.11.2019. Artículo único Nº 2.

Conc.: Decreto 977, Ministerio de Salud, Aprueba reglamento sanitario de los alimentos, D.O. 13.05.1997. Artículos 106-129.

**Artículo 105 septies.- Procesadores de leche.** Los procesadores de leche deberán contar con un registro del origen y cantidad de leche reconstituida, recombinada, procesada y comercializada, y de la cantidad de producto lácteo utilizado para su producción.

Modif.: Ley 21.179 Establece normas sobre elaboración, denominación y etiquetado de productos lácteos o derivados de la leche, D.O. 02.11.2019. Artículo único Nº 2.

Conc.: Decreto 977, Ministerio de Salud, Aprueba reglamento sanitario de los alimentos, D.O. 13.05.1997. Artículo 204.

**Artículo 105 octies.- Plantas de leche reconstituida.** Las plantas elaboradoras de leche reconstituida o mezcla de leche reconstituida, leche recombinada y leche natural, así como sus correspondientes procesos de elaboración, deberán ser aprobados por la autoridad sanitaria, debiendo contar con la dirección técnica de un profesional universitario y un laboratorio especializado.

En el caso de las mezclas de leche natural y leche en polvo reconstituida o recombinada, se deberán archivar en la planta elaboradora las constancias analíticas de las materias primas utilizadas en cada partida.

Modif.: Ley 21.179 Establece normas sobre elaboración, denominación y etiquetado de productos lácteos o derivados de la leche, D.O. 02.11.2019. Artículo único Nº 2.

Conc.: Código Sanitario. Artículo 7.

**Artículo 105 nonies.- Fiscalización y sanción.** Las infracciones al presente párrafo serán sancionadas de acuerdo a lo establecido en el Libro X de este Código.

Modif.: Ley 21.179 Establece normas sobre elaboración, denominación y etiquetado de productos lácteos o derivados de la leche, D.O. 02.11.2019. Artículo único Nº 2.

Conc.: Código Sanitario. Artículos 161-182.

**Artículo 105 decies.- Casos no regulados.** Los casos que no estén expresamente regulados en este párrafo, se regirán por las normas del presente Código y por las contenidas en el Reglamento Sanitario de los Alimentos, en cuanto fuere procedente.

Modif.: Ley 21.179 Establece normas sobre elaboración, denominación y etiquetado de productos lácteos o derivados de la leche, D.O. 02.11.2019. Artículo único Nº 2.

### *Párrafo III*
### *DE LA CARNE*

Modif.: Ley 21.664 Modifica el Código Sanitario, para definir el concepto de carne y prohibir dar esa denominación a productos que no sean de origen animal, D.O. 17.05.2024 [entrada en vigencia 18.11.2025].

**Artículo 105 undecies.- Definición.** Con la denominación de carne se entiende la parte comestible de los músculos de los animales de abasto como bovinos, ovinos, porcinos, equinos, caprinos, camélidos, y de otras especies aptas para el consumo humano. Las carnes de animales de caza en sus procedimientos de manejo, elaboración, envase, almacenamiento, distribución y venta deberán ceñirse a lo dispuesto en el Reglamento Sanitario de los Alimentos, y a la norma técnica dictada para éstas, aprobada por decreto del Ministerio de Salud, la que se publicará en el Diario Oficial.

**Artículo 105 duodecies.-** La carne comprende todos los tejidos blandos que rodean el esqueleto, incluyendo su cobertura grasa, tendones, vasos, nervios, aponeurosis, huesos propios de cada corte cuando estén adheridos a la masa muscular correspondiente y todos los tejidos no separados durante la faena, excepto los músculos de sostén del aparato hioídeo y el esófago.

Se entiende por subproducto comestible a las partes y órganos tales como corazón, hígado, riñones, timo, ubre, sangre, lengua, sesos o grasa, de las especies de abasto. Se exceptúan de esta categoría los pulmones y los establecidos en el artículo 274 del Reglamento Sanitario de los Alimentos.

**Artículo 105 terdecies.- Autenticidad.** Se prohíbe catalogar como carne a un producto que no sea de origen animal y que no cumpla con lo dispuesto en los artículos 105 undecies y 105 duodecies.

Las denominaciones asociadas a los productos de origen animal, tales como "hamburguesa", "chorizo", "salchicha", "cecina" u otras, no pueden ser utilizadas para describir, promover o comercializar productos alimenticios que contengan mayor proporción de materia de origen vegetal que cárnica, salvo que indiquen de manera expresa, visible e inequívoca que son de origen vegetal.

Las infracciones a este artículo serán sancionadas según lo dispuesto en el Libro Décimo, sin perjuicio de las demás sanciones que correspondan.

## TÍTULO III
## DE LOS PRODUCTOS COSMÉTICOS Y PRODUCTOS DE HIGIENE Y ODORIZACIÓN PERSONAL

**Artículo 106.- Definición.** Producto cosmético es cualquier preparado que se destine a ser aplicado externamente al cuerpo humano, con fines de embellecimiento, modificación de su aspecto físico o conservación de las condiciones fisicoquímicas normales de la piel y de sus anexos, que tenga solamente acción local o que de ser absorbido en el organismo carezca de efecto sistémico.

Se denominan productos de higiene personal u odoríficos, aquellos que se apliquen a la superficie del cuerpo o a la cavidad bucal, con el exclusivo objeto de procurar su aseo u odorización.

Modif.: Ley 20.724 Modifica el Código Sanitario en materia de regulación de farmacias y medicamentos, D.O. 14.02.2014.

Conc.: Ley 18.164 Introduce modificaciones a la legislación aduanera, D.O. 17.09.1982. Artículo 2°.

Decreto 239 Aprueba reglamento del sistema nacional de control de cosméticos, D.O. 20.06.2003.

**Artículo 107.- Autorización distribución cosméticos.** Para su distribución en el territorio nacional, todo producto cosmético deberá contar con registro sanitario otorgado por el Instituto de Salud Pública de Chile.

Modif.: Ley 20.724 Modifica el Código Sanitario en materia de regulación de farmacias y medicamentos, D.O. 14.02.2014.

Conc.: Decreto 3, Ministerio de Salud, Aprueba reglamento del sistema nacional de control de los productos farmacéuticos de uso humano, D.O. 25.06.2011. Artículos 9 y 20.

**Artículo 108.- Productos de higiene y odorización.** La internación y la producción en el país de productos de higiene y odorización personal deberán ser notificadas al Instituto para que éste ejerza sus facultades de control respecto de su composición, en cuanto al uso al que se destinan y de las instalaciones en que se producen. Asimismo, los establecimientos en que se fabrican, que estén instalados en el territorio nacional, quedan sujetos a la obligación de notificar al Instituto y sujetos a su control.

Se prohíbe la fabricación, importación, tenencia, distribución y transferencia, a cualquier título, de productos cosméticos, de higiene y odorización personal, adulterados, falsificados, alterados o contaminados.

Se prohíbe, a su vez, el uso de animales para la realización de pruebas de seguridad y eficacia de productos cosméticos, de higiene y odorización personal, y de todos y cada uno de sus ingredientes, combinación de ingredientes o formulaciones finales. A efectos de garantizar la protección de la salud humana, de conformidad con las normas de este Código, los fabricantes deberán utilizar métodos alternativos de pruebas que no involucren animales para demostrar la seguridad y eficacia de productos cosméticos, de higiene y odorización personal y de todos y cada uno de sus ingredientes, combinación de ingredientes o formulaciones finales, reconocidos por el Instituto de Salud Pública o por la Organización para la Cooperación y el Desarrollo Económico.

Asimismo, se prohíbe la venta, comercialización, importación e introducción en el mercado nacional de productos cosméticos, de higiene y odorización personal cuyos ingredientes, combinación de ingredientes o formulaciones finales hubiesen sido probados en animales para demostrar su seguridad y eficacia, con posterioridad a la entrada en vigencia de la ley.

Excepcionalmente, las prohibiciones establecidas en los incisos tercero y cuarto no se aplicarán a las pruebas en animales si es solicitado, requerido o realizado por el Instituto de Salud Pública, en el ejercicio de sus atribuciones, luego de demostrar por medio de resolución fundada que, para ingredientes, combinación de ingredientes o formulaciones finales de un producto cosmético, de higiene u odorización personal, se cumplen las siguientes condiciones copulativas:

1. Que no exista método o estrategia alternativa al uso de animales reconocida por el Instituto de Salud Pública o por la Organización para la Cooperación y el Desarrollo Económico para demostrar los parámetros de seguridad.

2. Que los ingredientes estén sujetos a restricción en su concentración para uso cosmético. Estos ingredientes son enlistados en la base de datos de ingredientes cosméticos utilizada por el Instituto de Salud Pública.

3. Que el ingrediente cosmético se use ampliamente y no pueda ser reemplazado por otro ingrediente capaz de cumplir con una función similar.

Ninguna evidencia científica nueva derivada de pruebas en animales podrá ser utilizada para establecer la seguridad o eficacia de un producto cosmético, de higiene y odorización, o de sus ingredientes, combinación de ingredientes o formulaciones finales, a menos que cumpla con los siguientes requisitos:

a) Que, en el caso de un ingrediente, no exista método o estrategia alternativa al uso de animales reconocida por el Instituto de Salud Pública o por la Organización para la Cooperación y el Desarrollo Económico para los parámetros de seguridad de dicho ingrediente.

b) Que exista evidencia documentada de que las pruebas de seguridad y eficacia de un ingrediente no se realizaron con el fin de elaborar productos cosméticos, de higiene u odorización personal, junto con un historial de al menos un año de uso de un ingrediente fuera de la industria cosmética, antes de la dependencia de dichos datos o testeos.

c) Que los datos obtenidos provengan de una prueba con animales autorizada, excepcionalmente, en conformidad con lo dispuesto en el inciso anterior.

Los productores podrán usar en los envases o envoltorios la etiqueta o logo "libre de crueldad" o "no testeado en animales", para informar a los consumidores que el producto cosmético, sus ingredientes, combinación de ingredientes o formulaciones finales no han sido probados en animales, según las especificaciones que señala el reglamento.

Los productos cosméticos, de higiene u odorización personal no podrán utilizar envases o etiquetas con el logo "libre de crueldad", "no testeado en animales" o alguna leyenda similar, si:

i. El producto, sus ingredientes, combinación de ingredientes o formulaciones finales fueron probados en animales para establecer seguridad y eficacia con posterioridad a la entrada en vigencia de la ley, independientemente de si la prueba fue contratada por el fabricante o por otro productor en la cadena de producción, o

ii. El fabricante se basó en evidencias o datos de las pruebas a la que se refiere el numeral i. de este inciso para demostrar la seguridad o eficacia del producto, sus ingredientes, combinación de ingredientes o formulaciones finales.

Las infracciones a las disposiciones contenidas en este artículo serán sancionadas de conformidad con lo dispuesto en el Título III del Libro Décimo, con excepción de lo dispuesto en los incisos séptimo y octavo, lo cual se sancionará conforme lo dispone el artículo 24 de la ley N° 19.496, que Establece Normas sobre Protección de los Derechos de los Consumidores, cuyo texto refundido, coordinado y sistematizado fue fijado por el decreto con fuerza de ley N° 3, de 2019, del Ministerio de Economía, Fomento y Turismo.

Modif.: Ley 20.724 Modifica el Código Sanitario en materia de regulación de farmacias y medicamentos, D.O. 14.02.2014.

Modif.: Ley 21.646 Modifica los textos legales que indica para prohibir la experimentación en animales en la elaboración de productos cosméticos y la venta, comercialización, importación e introducción en el mercado nacional de dichos productos cuando han sido testeados en animales, D.O. 26.01.2024.

Conc.: Ley 18.164 Introduce modificaciones a la legislación aduanera, D.O. 17.09.1982. Artículo 2°.

Comentario: el artículo primero transitorio establece que se entiende por "evidencia científica nueva", "aquella que ha sido obtenida con posterioridad a la entrada en vigencia de esta ley". A su vez, el artículo segundo transitorio establece una vigencia diferida de 12 meses a partir del 26 de enero de 2024, de manera que el día de entrada en vigencia es el 27 de enero de 2025.

**Artículo 109.- Reglamento cosméticos.** Mediante uno o más reglamentos expedidos por el Presidente de la República a través del Ministerio de Salud, se determinarán las normas sanitarias que regulen el registro, importación, internación, exportación, producción, almacenamiento, tenencia, venta o distribución a cualquier título y la publicidad de los productos cosméticos y de higiene y odorización personal.

A los productos cosméticos que la reglamentación califique de bajo riesgo les serán aplicables las normas de notificación y vigilancia establecidas para los productos de higiene y odorización personal señalados en el artículo anterior.

Modif.: Ley 20.724 Modifica el Código Sanitario en materia de regulación de farmacias y medicamentos, D.O. 14.02.2014.

Conc.: Ley 18.164 Introduce modificaciones a la legislación aduanera, D.O. 17.09.1982. Artículo 2°.

Decreto 239 Aprueba reglamento del sistema nacional de control de cosméticos, D.O. 20.06.2003.

**Artículo 110.- Autorización fabricación cosméticos.** Corresponderá al Instituto de Salud Pública de Chile autorizar la instalación de los laboratorios que fabriquen cosméticos y fiscalizar su funcionamiento, conforme a las disposiciones reglamentarias aludidas en el artículo anterior.

Los laboratorios de producción cosmética deberán ser dirigidos técnicamente por un químico farmacéutico y deberán contar con un sistema de control de calidad independiente, a cargo de otro químico farmacéutico.

La elaboración de productos cosméticos destinados exclusivamente a la exportación, por cuenta propia o ajena, deberá ser realizada en laboratorios de producción cosmética autorizados y será notificada al Instituto. Dicha notificación incluirá la individualización del exportador, del fabricante y la fórmula cualitativa del producto, la cual no deberá estar compuesta por ingredientes prohibidos por la reglamentación vigente.

Modif.: Ley 20.724 Modifica el Código Sanitario en materia de regulación de farmacias y medicamentos, D.O. 14.02.2014.

Conc.: Código Sanitario. Artículo 7.

DFL 1 Fija texto del Decreto Ley 2763 y de las leyes 18.933 y 18.469, D.O. 24.04.2006. Artículo 59, letra b) N° 2.

Decreto 239 Aprueba reglamento del sistema nacional de control de cosméticos, D.O. 20.06.2003.

## TÍTULO IV
## DE LOS ELEMENTOS DE USO MÉDICO

**Artículo 111.- Control de calidad de los elementos de uso médico.** Los instrumentos, aparatos, dispositivos y otros artículos o elementos destinados al diagnóstico, prevención y tratamiento de enfermedades de seres humanos, así como al reemplazo o modificación de sus anatomías y que no correspondan a las substancias descritas en los artículos 95, inciso primero, 102 y 106 deberán cumplir con las normas y exigencias de calidad que les sean aplicables según su naturaleza, en conformidad con las siguientes disposiciones:

Las personas naturales o jurídicas que, a cualquier título, fabriquen, importen, comercialicen o distribuyan tales elementos deberán realizar el respectivo control y certificación de su calidad en servicios, instituciones, laboratorios o establecimientos con autorización sanitaria expresa, otorgada por el Instituto de Salud Pública de Chile, de conformidad con lo dispuesto en el artículo 7°.

El reglamento deberá establecer las condiciones de equipamiento y demás recursos de que deberán disponer los establecimientos, así como también la forma en que se solicitará y otorgará esta autorización. Las entidades controladoras y certificadoras cuyas solicitudes sean denegadas o no contestadas dentro del plazo a que se refiere el inciso segundo del artículo 7° podrán reclamar ante el Ministro de Salud, de conformidad con lo establecido en el inciso tercero del artículo 96.

El Instituto de Salud Pública de Chile será el organismo encargado de autorizar y fiscalizar a las entidades que realicen el referido control y certificación, debiendo, a falta de organismos privados que desarrollen dichas tareas, ejecutarlas por sí mismo.

Los controles y pruebas de calidad que deban efectuarse en virtud de lo dispuesto en las letras anteriores se sujetarán a las especificaciones técnicas fijadas por las normas oficiales chilenas del Instituto Nacional de Normalización aprobadas por el Ministerio de Salud y, a falta de éstas, por las que apruebe el Ministerio de Salud, a proposición del mencionado

Instituto y sobre la base de la información generada por organismos internacionales o entidades extranjeras especializadas.

Las personas naturales o jurídicas cuyos instrumentos, aparatos, dispositivos, artículos o elementos sean rechazados por el control de calidad de una entidad autorizada podrán reclamar ante el Director del Instituto de Salud Pública de Chile. Recibido el reclamo, se pondrá en conocimiento de la entidad que objetó la conformidad del elemento, la que deberá informar y remitir todos los antecedentes que tenga en su poder dentro del plazo de diez días hábiles contado desde la recepción de la comunicación, vencido el cual, aun sin el informe y antecedentes solicitados, el Director del Instituto podrá resolver el reclamo.

Por decreto fundado, expedido a través del Ministerio de Salud, se hará efectiva la aplicación de las disposiciones de este artículo a las diferentes clases o tipos de instrumentos, aparatos, dispositivos, artículos y elementos de que se trata, a proposición del Instituto de Salud Pública de Chile. El decreto indicará las especificaciones técnicas a que se sujetará el control de calidad, aprobadas con arreglo a la letra c) y las entidades que cuentan con autorización oficial para ejecutarlo o la inexistencia de interesados en obtener esta autorización.

Será competente para instruir el sumario sanitario y sancionar las infracciones a estas disposiciones la Secretaría Regional Ministerial de Salud en cuyo territorio se cometan.

Los elementos que se comercialicen o distribuyan a cualquier título sin contar con el certificado de calidad establecido en esta disposición serán decomisados, sin perjuicio de las demás medidas que pueda adoptar la autoridad sanitaria.

La destinación aduanera de estos elementos se sujetará a las disposiciones de la ley Nº 18.164 y su uso y disposición deberán ser autorizados por el Instituto de Salud Pública de Chile.

El costo de las certificaciones será de cargo de las personas naturales o jurídicas que las soliciten.

Modif.: Ley 20.724, Modifica el Código Sanitario de regulación de farmacias y medicamentos, D.O. 14.02.2014. Artículos 1, número 1.

Conc.: Código Sanitario. Artículo 7.

Decreto 1222 Aprueba el reglamento del Instituto de Salud Pública de Chile, D.O. 26.08.1997. Artículos 4, letra b), 6, 10 letra h), i).

Decreto 825 Aprueba reglamento de control de productos y elementos de uso médico, D.O. 21.08.1999.

Comentario: en caso de dudas respecto del régimen de control aplicable, ello lo debe resolver el Instituto de Salud Pública. Ver Decreto 3, Ministerio de Salud, Aprueba reglamento del sistema nacional de control de los productos farmacéuticos de uso humano, D.O. 25.06.2011. Artículos 8 y 9.

## TÍTULO V
## DE LOS ENSAYOS CLÍNICOS DE PRODUCTOS FARMACÉUTICOS Y ELEMENTOS DE USO MÉDICO

**Artículo 111 A.- Autorizaciones especiales para la realización de ensayos clínicos.** Los productos farmacéuticos y los elementos de uso médico para ser utilizados en investigaciones científicas en seres humanos deberán contar con una autorización especial para su uso provisional, otorgada por el Instituto de Salud Pública conforme al presente Libro.

La autorización especial para uso provisional con fines de investigación se requerirá para todo producto farmacéutico o dispositivo médico, sea porque no cuenten con el respectivo registro sanitario o bien, contando con éste, se pretenda su utilización de manera distinta a la registrada. Con todo, el Ministerio de Salud podrá establecer, mediante decreto supremo, la exención de esta exigencia a los elementos de uso médico cuya utilización no conlleve un riesgo relevante para las personas.

Para efectuar la solicitud de autorización especial para uso provisional con fines de investigación, el solicitante deberá presentar, previa aprobación conforme a lo dispuesto en el artículo 10 de la ley N° 20.120, el protocolo de investigación, el formato de consentimiento informado, la póliza de seguros y todo otro antecedente que establezca el reglamento.

Esta autorización especial no podrá tener una duración mayor a un año, contado desde la fecha de la resolución que la concede, y podrá ser renovada por períodos iguales y sucesivos, siempre que cumpla con los requisitos establecidos en este Código, en la ley Nº 20.120 y en los respectivos reglamentos.

Los productos farmacéuticos y elementos de uso médico que cuenten con autorización especial para uso provisional con fines de investigación sólo podrán ser destinados al uso que la misma autorización determine, quedando prohibida su tenencia, distribución y transferencia a cualquier título o su uso de manera distinta a la registrada.

El Instituto de Salud Pública deberá llevar un registro público de todas las investigaciones científicas en seres humanos con productos farmacéuticos o elementos de uso médicos autorizadas para realizarse en el país, con las menciones que señale el reglamento. Dicho registro estará sujeto a las disposiciones del artículo 7º del artículo primero de la ley Nº 20.285, sobre Acceso a la Información Pública.

Modif.: Ley 20.850 Crea un sistema de protección financiera para diagnóstico y tratamientos de alto costo y rinde homenaje póstumo a don Luis Ricarte Soto Gallegos, D.O. 06.06.2015. Artículo 34, número 2.

Conc.: Código Sanitario. Artículo 7.

Ley 20.120 sobre la investigación científica en el ser humano, su genoma, y prohibe la clonación humana, D.O. 22.09.2006. Artículos 20 y 21.

Decreto 114, Aprueba reglamento de la Ley 21.120 sobre la investigación científica en el ser humano, su genoma, y prohibe la clonación humana, Ministerio de Salud. D.O. 19.11.2011. Título II. Artículos 9-15.

Ley 20.285 sobre acceso a la información pública, D.O. 20.08.2008. Artículo 7 (del artículo 1).

**Artículo 111 B.- Notificaciones de reacciones y eventos adversos en investigación científica biomédica.** El titular de la autorización, la entidad patrocinante, el investigador principal y el respectivo centro donde se realice la investigación serán responsables de notificar al Instituto de Salud Pública y al Comité Ético Científico que corresponda, en el plazo y según la forma que establezca el reglamento respectivo, de las reacciones adversas y los eventos adversos producidos con ocasión del estudio. Asimismo, serán responsables del cumplimiento de las normas sobre farmacovigilancia y tecnovigilancia conforme al reglamento.

Un reglamento dictado a través del Ministerio de Salud regulará las materias de las que trata el presente artículo.

Modif.: Ley 20.850 Crea un sistema de protección financiera para diagnóstico y tratamientos de alto costo y rinde homenaje póstumo a don Luis Ricarte Soto Gallegos, D.O. 06.06.2015. Artículo 34, número 2.

Decreto 114, Aprueba reglamento de la Ley 21.120 sobre la investigación científica en el ser humano, su genoma, y prohibe la clonación humana, Ministerio de Salud. D.O. 19.11.2011. Título II. Artículo 10 bis.

**Artículo 111 C.- Continuidad de tratamiento para el sujeto pasivo de investigación científica biomédica.** El paciente sujeto de ensayo clínico tendrá derecho a que, una vez terminado éste, el titular de la autorización especial para uso provisional con fines de investigación y, con posterioridad en su caso, el titular del registro sanitario del producto sanitario de que se trate, le otorgue sin costo para el paciente la continuidad del tratamiento por todo el tiempo que persista su utilidad terapéutica, conforme al protocolo de investigación respectivo.

Esta obligación afectará al titular del registro sanitario, aun cuando no haya sido el titular de la autorización provisional o haya adquirido con posterioridad el registro sanitario.

Modif.: Ley 20.850 Crea un sistema de protección financiera para diagnóstico y tratamientos de alto costo y rinde homenaje póstumo a don Luis Ricarte Soto Gallegos, D.O. 06.06.2015. Artículo 34, número 2.

**Artículo 111 D.- Acreditación de centros de investigación científica biomédica.** Todo centro donde se realice investigación de productos farmacéuticos y elementos de uso médico en seres humanos deberá estar acreditado por el Instituto de Salud Pública, conforme a los estándares, exigencias y procedimientos que establezca el reglamento.

La misma autoridad será competente para la fiscalización del cumplimiento de los protocolos de investigación, de los consentimientos informados, de las buenas prácticas clínicas, de las notificaciones de reacciones adversas y de eventos adversos y, en general, del cumplimiento de la normativa relacionada con esta materia.

El Instituto de Salud Pública tendrá libre acceso a la información relacionada con la investigación. Toda obligación de reserva contemplada en protocolos, o convenciones y documentos en general, será inoponible a esa autoridad. Toda disposición en contravención a esta ley contenida en los referidos protocolos, convenciones y documentos es nula, sin perjuicio de la aplicación de las disposiciones contenidas en los artículos 89 y 91, letra b), de la ley N° 19.039, de Propiedad Industrial, cuyo texto refundido, coordinado y sistematizado fue fijado por el decreto con fuerza de ley N° 3, de 2006, del Ministerio de Economía, Fomento y Reconstrucción.

Modif.: Ley 20850 Crea un sistema de protección financiera para diagnóstico y tratamientos de alto costo y rinde homenaje póstumo a don Luis Ricarte Soto Gallegos, D.O. 06.06.2015. Artículo 34, número 2.

Conc.: Decreto 15 Reglamento del sistema de acreditación para los prestadores institucionales de salud, D.O. 03.07.2007. Artículos 42 y 43.

Comentario: Para la Ley 19.039, que Establece normas aplicables a los privilegios industriales y protección de los derechos de propiedad industrial, D.O. 11.03.2005, en el contexto de secretos empresariales, si el Instituto de Salud Pública ha solicitado un registro de datos de prueba u otros con carácter de "no divulgados", relativos a la seguridad y eficacia de un producto farmacéutico dichos datos tendrán el carácter de reservados, según la legislación vigente. La autoridad competente no podrá divulgar ni utilizar dichos datos para otorgar un registro o autorización sanitarias a quien no sea titular del permiso durante 5 años, contados desde el primer registro o autorización sanitaria otorgada por el Instituto de Salud Pública (artículo 89). Puede ponerse término a la protección del dato de prueba u otro de naturaleza "no divulgado" por razones de seguridad pública, seguridad nacional, uso público no comercial, emergencia nacional u otra circunstancia de extrema urgencia determinadas por la autoridad competente (artículo 91, letra b).

**Artículo 111 E.- Responsabilidad por daños de investigación científica biomédica.** Los titulares de las autorizaciones para uso provisional con fines de investigación serán responsables por los daños que causen con ocasión de la investigación, aunque estos se deriven de hechos o circunstancias que no se hubieren podido prever o evitar según el estado de los conocimientos de la ciencia o de la técnica, existentes en el momento de producirse los daños.

Asimismo, acreditado el daño, se presumirá que éste se ha producido con ocasión de la investigación.

La acción para perseguir esta responsabilidad prescribirá en el plazo de diez años, contado desde la manifestación del daño. No obstante, en caso de decretarse una alerta sanitaria con ocasión de una epidemia o pandemia y durante la vigencia de ésta, dicho plazo se contará desde el término del respectivo ensayo, cuando se trate de investigaciones que tengan por objeto el desarrollo de productos farmacéuticos y dispositivos médicos destinados a enfrentar las circunstancias que sirvieron de fundamento al decreto de alerta sanitaria.

Modif.: Ley 20.850 Crea un sistema de protección financiera para diagnóstico y tratamientos de alto costo y rinde homenaje póstumo a don Luis Ricarte Soto Gallegos, D.O. 06.06.2015. Artículo 34, número 2.

Ley 21.278 Modifica el Código Sanitario para regular la realización de estudios y ensayos clínicos, tendientes a la obtención de productos farmacéuticos y dispositivos médicos, para el combate de las enfermedades que motivan una alerta sanitaria, D.O. 06.11.2020. Artículo único.

Conc.: Código Civil. Artículos 1558, 1547, 2314 y 2514.

Decreto 114, Aprueba reglamento de la Ley 21120 sobre la investigación científica en el ser humano, su genoma, y prohibe la clonación humana, Ministerio de Salud. D.O. 19.11.2011. Título IV. Artículo 25 y 27.

Comentario: El legislador muta las reglas de responsabilidad contractual y extracontractual. Se establece una responsabilidad civil por riesgo que favorece al sujeto pasivo de investigación científica por un plazo de 10 años, desde la manifestación del daño. En caso de existir además una infracción al Código Sanitario y sus reglamentos, aplicarían las medidas del Libro X del Código Sanitario, artículos 174-182 y, las de la Ley 20.120 sobre la investigación científica en el ser humano, su genoma y prohíbe la clonación humana, artículo 20.

**Artículo 111 F.- Póliza de seguro por responsabilidad civil.** Será obligación de los titulares de las autorizaciones especiales para uso provisional para fines de investigación de productos farmacéuticos y, o elementos de uso médico contar con una póliza de seguro por responsabilidad civil, conforme al reglamento que se dicte a través del Ministerio de Salud.

A través de un decreto supremo del Ministerio de Salud se establecerá la clase de los elementos de uso médico para cuya investigación será obligatoria la presentación de pólizas de seguro.

Modif.: Ley 20.850 Crea un sistema de protección financiera para diagnóstico y tratamientos de alto costo y rinde homenaje póstumo a don Luis Ricarte Soto Gallegos, D.O. 06.06.2015. Artículo 34, número 2.

Conc.: Decreto 114, Aprueba reglamento de la Ley 21120 sobre la investigación científica en el ser humano, su genoma, y prohibe la clonación humana, Ministerio de Salud. D.O. 19.11.2011. Título IV. Artículo 25 y 26.

**Artículo 111 G.- Sanciones.** Las infracciones de lo dispuesto en el presente Título serán sancionadas conforme a las normas del Libro Décimo de este Código y a las contenidas en la ley N° 20.120, sobre la investigación científica en el ser humano, su genoma, y prohíbe la clonación humana.

Modif.: Ley 20.850 Crea un sistema de protección financiera para diagnóstico y tratamientos de alto costo y rinde homenaje póstumo a don Luis Ricarte Soto Gallegos, D.O. 06.06.2015. Artículo 34, número 2.

## TÍTULO VI
## DE LA RESPONSABILIDAD POR PRODUCTOS SANITARIOS DEFECTUOSOS

**Artículo 111 H.- Producto sanitario y producto sanitario defectuoso.** Se entenderá por productos sanitarios los regulados en los Títulos I, II y IV de este Libro.

Se entenderá por producto sanitario defectuoso aquél que no ofrezca la seguridad suficiente, teniendo en cuenta todas las circunstancias ligadas al producto y, especialmente, su presentación y el uso razonablemente previsible.

Asimismo, un producto es defectuoso si no ofrece la misma seguridad normalmente ofrecida por los demás ejemplares de la misma serie.

Un producto no podrá ser considerado defectuoso por el solo hecho de que tal producto se ponga posteriormente en circulación de forma perfeccionada.

Modif.: Ley 20.850 Crea un sistema de protección financiera para diagnóstico y tratamientos de alto costo y rinde homenaje póstumo a don Luis Ricarte Soto Gallegos, D.O. 06.06.2015. Artículo 34, número 2.

Conc.: Decreto 825 Aprueba Reglamento de control de productos y elementos de uso médico, D.O. 21.08.1999. Artículo 31.

**Artículo 111 I.- Responsabilidad.** Todo daño causado por el uso de un producto sanitario defectuoso dará lugar a las responsabilidades civiles y penales, según corresponda.

Serán responsables de los daños los titulares de los registros o autorizaciones, los fabricantes y los importadores, según corresponda. Las personas responsables

del daño lo serán solidariamente ante los perjudicados. El que hubiere respondido ante el perjudicado tendrá derecho a repetir frente a los otros responsables, según su participación en la producción del daño.

La Central de Abastecimiento del Sistema Nacional de Servicios de Salud, en su calidad de órgano de la Administración del Estado, responderá en su caso, conforme a las reglas establecidas en el Título III de la ley N° 19.966, que establece un régimen de garantías en salud, pudiendo siempre repetir contra las personas señaladas en el inciso anterior. El plazo de prescripción para ejercer esta acción será de cinco años.

Modif.: Ley 20.850 Crea un sistema de protección financiera para diagnóstico y tratamientos de alto costo y rinde homenaje póstumo a don Luis Ricarte Soto Gallegos, D.O. 06.06.2015. Artículo 34, número 2.

Conc.: Constitución Política de la República. Artículo 38.

Ley 18.575 Orgánica Constitucional de Bases Generales de la Administración del Estado, D.O. 17.11.2001. Artículos 4 y 42.

Ley 19.966 Establece un régimen de garantías en salud, D.O. 03.09.2004. Artículo 38.

Código Penal. Artículos 490-492.

Decreto 825 Aprueba Reglamento de control de productos y elementos de uso médico, D.O. 21.08.1999. Artículo 28.

Comentario: se amplía la norma general para repetir contra del funcionario responsable en la participación del daño, que de acuerdo al inciso 3° del artículo 38 de la Ley 19.966, es de 2 años.

**Artículo 111 J.- Carga de la prueba.** El perjudicado que pretenda obtener la reparación de los daños causados tendrá que probar el defecto, el daño y la relación de causalidad entre ambos.

En los ensayos clínicos, acreditado el daño, se presumirá que éste se ha producido con ocasión de la investigación.

Modif.: Ley 20.850 Crea un sistema de protección financiera para diagnóstico y tratamientos de alto costo y rinde homenaje póstumo a don Luis Ricarte Soto Gallegos, D.O. 06.06.2015. Artículo 34, número 2.

Conc.: Código Civil. Artículo 1698.

Código Sanitario. Artículo 11 E.

**Artículo 111 K.- Imposibilidad de prever el daño.** El demandado no podrá eximirse de responsabilidad alegando que los daños ocasionados por un producto sanitario defectuoso se originan de hechos o circunstancias que no se previeron según el estado de los conocimientos científicos o técnicos existentes en el momento de su puesta en circulación o uso.

Modif.: Ley 20.850 Crea un sistema de protección financiera para diagnóstico y tratamientos de alto costo y rinde homenaje póstumo a don Luis Ricarte Soto Gallegos, D.O. 06.06.2015. Artículo 34, número 2.

Conc.: Ley 19.966 Establece un régimen de garantías en salud, D.O. 03.09.2004. Artículo 41 inciso final.

**Artículo 111 L.- Plazo de prescripción.** La acción de reparación de los daños y perjuicios previstos en este Título prescribirá a los cinco años contados desde la manifestación del daño, ya sea por el defecto del producto o por el daño que dicho defecto le ocasionó. La acción de repetición del que hubiese satisfecho la indemnización contra todos los demás responsables del daño prescribirá en el plazo de dos años contado desde el día de su pago.

La acción para el resarcimiento de los daños producidos con ocasión de un ensayo clínico prescribirá en el plazo establecido en el artículo 111 E.

Modif.: Ley 20.850 Crea un sistema de protección financiera para diagnóstico y tratamientos de alto costo y rinde homenaje póstumo a don Luis Ricarte Soto Gallegos, D.O. 06.06.2015. Artículo 34, número 2.

**Artículo 111 M.- Garantía financiera.** Los fabricantes e importadores de los productos sanitarios deberán contar con un seguro, aval o garantía financiera equivalente, para responder de los daños sobre la salud derivados de problemas de seguridad de los mismos, en los términos que establezca el reglamento.

Modif.: Ley 20.850 Crea un sistema de protección financiera para diagnóstico y tratamientos de alto costo y rinde homenaje póstumo a don Luis Ricarte Soto Gallegos, D.O. 06.06.2015. Artículo 34, número 2.

Conc.: Decreto 1222, Aprueba reglamento del Instituto de Salud Pública de Chile, Ministerio de Salud, D.O. 26.08.1997. Artículo 47, letra e) y k), artículo 51.

Comentario: El Decreto 3 Reglamento del Sistema Nacional de los productos farmacéuticos de uso humano, Ministerio de Salud, D.O. 25.06.2011, en sus Artículo 36 y 177 prescribe obligaciones para la seguridad y eficacia de productos farmacéuticos.

**Artículo 111 N.- Acción de responsabilidad.** El ejercicio de las acciones jurisdiccionales para la reparación de los daños de que trata este Título se regirá por lo dispuesto en el Párrafo II del Título III de la ley Nº 19.966.

Para estos efectos, forman parte de la Red Asistencial de la que trata el artículo 17 del decreto con fuerza de ley Nº 1, de 2005, del Ministerio de Salud, los prestadores que hayan celebrado un convenio con el Fondo Nacional de Salud para el otorgamiento de prestaciones cuya cobertura se encuentra a su cargo.

Asimismo, las reclamaciones por productos defectuosos o daños causados con ocasión de un ensayo clínico se presentarán ante la entidad establecida en el artículo 44 de la ley Nº 19.966 y se regirán por el procedimiento establecido en dicha norma.

Modif.: Ley 20.850 Crea un sistema de protección financiera para diagnóstico y tratamientos de alto costo y rinde homenaje póstumo a don Luis Ricarte Soto Gallegos, D.O. 06.06.2015. Artículo 34, número 2.

Conc.: Ley 19.966 Establece un régimen de garantías en salud, D.O. 03.09.2004.

Comentario: el Título III, párrafo I, de la Ley 19.966 se refiere a la acción contencioso-administrativa de responsabilidad por falta de servicio. El párrafo II habla de la mediación previa obligatoria aplicable a prestadores públicos y privados.

# LIBRO V
# DEL EJERCICIO DE LA MEDICINA Y PROFESIONES AFINES

**Artículo 112.- Exigencia de título profesional.** Sólo podrán desempeñar actividades propias de la medicina, odontología, química y farmacia u otras relacionadas con la conservación y restablecimiento de la salud, quienes poseen el título respectivo otorgado por la Universidad de Chile u otra Universidad reconocida por el Estado y estén habilitados legalmente para el ejercicio de sus profesiones.

Asimismo, podrán ejercer profesiones auxiliares de las referidas en el inciso anterior quienes cuenten con autorización del Director General de Salud. Un Reglamento determinará las profesiones auxiliares y la forma y condiciones en que se concederá dicha autorización, la que será permanente, a menos que el Director General de Salud, por resolución fundada, disponga su cancelación.

No obstante lo dispuesto en el inciso primero, con la autorización del Director General de Salud podrán desempeñarse como médicos, dentistas, químico-farmacéuticos o matronas en barcos, islas o lugares apartados, aquellas personas que acreditaren título profesional otorgado en el extranjero.

Modif.: Ley 17155, Modifica Código Penal en lo relativo a delitos contra la salud pública y código de procedimiento penal y sanitario, D.O. 11.06.1969. Artículo 15.

Conc.: Constitución Política República. Artículo 32 Nº 6.

DFL 1, Fija texto refundido, coordinado y sistematizado del Decreto Ley Nº 2763, de 1979 y de las Leyes Nº 18933 y Nº 18469, Ministerio de Salud, D.O. 14.04.2006. Artículo 7.

Decreto 90, Aprueba reglamento para el ejercicio de las profesiones auxiliares de la medicina, odontología, química y farmacia y otras, y deroga los decretos Nº 261, de 1978, y Nº 1704, de 1993, ambos del Ministerio de Salud, Ministerio de Salud, D.O. 17.01.2015.

**Artículo 113.- Ejercicio ilegal de la profesión.** Se considera ejercicio ilegal de la profesión de médico-cirujano todo acto realizado con el propósito de formular diagnóstico, pronóstico o tratamiento en pacientes o consultantes, en forma directa o indirecta, por personas que no están legalmente autorizadas para el ejercicio de la medicina.

No obstante lo dispuesto en el inciso anterior, quienes cumplan funciones de colaboración médica, podrán realizar algunas de las actividades señaladas, siempre que medie indicación y supervigilancia médica. Asimismo, podrán atender enfermos en caso de accidentes súbitos o en situaciones de extrema urgencia cuando no hay médico-cirujano alguno en la localidad o habiéndolo, no sea posible su asistencia profesional.

Los servicios profesionales del psicólogo comprenden la aplicación de principios y procedimientos psicológicos que tienen por finalidad asistir, aconsejar o hacer psicoterapia a las personas con el propósito de promover el óptimo desarrollo potencial de su personalidad o corregir sus alteraciones o desajustes. Cuando estos profesionales presten sus servicios a personas que estén mentalmente enfermas, deberán poner de inmediato este hecho en conocimiento de un médico especialista y podrán colaborar con éste en la atención del enfermo.

Los servicios profesionales de la enfermera comprenden la gestión del cuidado en lo relativo a promoción, mantención y restauración de la salud, la prevención de enfermedades o lesiones, y la ejecución de acciones derivadas del diagnóstico y tratamiento médico y el deber de velar por la mejor administración de los recursos de asistencia para el paciente.

Modif.: Ley 19.536 Concédese una bonificación extraordinaria para enfermeras y matronas que se desempeñen en condiciones que indica, en los establecimientos de los servicios de salud. D.O. 16.12.1997. Artículo 7, letra a).

Ley 16.840 Reajusta sueldos y salarios. Modifica y crea las plantas de personal que indica. Suplementa el presupuesto vigente. Modifica impuestos. Aprueba normas varias del sector público. Modifica las leyes y decretos con fuerza de ley que señala. Otras materias, D.O. 24.05.1968. Artículo 196.

Conc.: Código Penal. Artículos 313 a), 313 b) y 313 c).

**Artículo 113 bis.- Tecnólogo médico con mención en oftalmología.** Sin perjuicio de lo establecido en el artículo anterior, el tecnólogo médico con mención en oftalmología podrá detectar los vicios de refracción ocular a través de su medida instrumental, mediante la ejecución, análisis, interpretación y evaluación de pruebas y exámenes destinados a ese fin.

Para los fines señalados en el inciso anterior y con el objeto de tratar dichos vicios, el tecnólogo médico con mención en oftalmología podrá prescribir, adaptar y verificar lentes ópticos, prescribir y administrar los fármacos del área oftalmológica de aplicación tópica que sean precisos, y controlar las ayudas técnicas destinadas a corregir vicios de refracción. Podrá, asimismo, detectar alteraciones del globo ocular y disfunciones visuales, a fin de derivar oportunamente al médico cirujano especialista que corresponda.

Quienes cuenten con el título de optómetra obtenido en el extranjero podrán desarrollar las actividades a que se refiere este artículo, siempre que convaliden ante la Universidad de Chile sus actividades curriculares de conformidad con lo dispuesto en el decreto con fuerza de ley N° 3, de 2007, del Ministerio de Educación, que fija el texto refundido, coordinado y sistematizado del decreto con fuerza de ley N° 153, de 1982, del Ministerio de Educación Pública, Estatutos de la Universidad de Chile.

Cuando estos profesionales presten sus servicios a personas que, al ser examinadas, evidencien la presencia de patologías locales o sistémicas, deberán derivar de inmediato al paciente a un médico cirujano con especialización en oftalmología. Con todo, el tecnólogo médico podrá participar junto al referido médico cirujano en la atención del enfermo para su rehabilitación, si así se requiriese.

Modif.: Ley 20.470 Modifica Código Sanitario determinando la competencia de los tecnólogos médicos en el área de la oftalmología, D.O. 17.06.2011. Artículo único.

Conc.: DFL 3 de 2007, Ministerio de Educación, Fija texto refundido, coordinado y sistematizado del DFL 153, de 1981, que establece los estatutos de la Universidad de Chile, D.O. 02.10.2007. Artículo 6.

**Artículo 114.- Prohibición en el ejercicio de profesiones conjuntas.** Prohíbese a una misma persona ejercer conjuntamente las profesiones de médico-cirujano y las de farmacéutico, químico-farmacéutico o bío-químico.

Conc.: Código Sanitario. Artículo 174.

**Artículo 115.- Salud estomatognática.** Los cirujano-dentistas sólo podrán prestar atenciones odonto-estomatológicas. Podrán, asimismo, adquirir o prescribir los medicamentos necesarios para dichos fines, de acuerdo al Reglamento que dicte el Director General de Salud.

Conc.: Decreto 466 Aprueba reglamento de farmacias, droguerías, almacenes farmacéuticos, botiquines y depósitos autorizados, Ministerio de Salud, D.O. 12.03.1985. Artículo 34.

Código Sanitario. Artículo 101.

Resolución Exenta 1143 Aprueba el sistema de validación de recetas gráficas y establece lineamientos para prescripción y dispensación de las recetas gráficas y digitalizadas. D.O. 02.09.2023.

**Artículo 116.- Laboratoristas dentales.** Los laboratoristas dentales sólo podrán ejercer sus actividades a indicación de cirujano-dentistas, quedándoles prohibido ejecutar trabajos en la cavidad bucal.

Conc.: Decreto 1967 Aprueba reglamento de Laboratoristas dentales y de laboratorios dentales, Ministerio de Salud, D.O. 29.08.2997. Artículo 4.

**Artículo 117.- Matronería.** Los servicios profesionales de la matrona comprenden la atención del embarazo, parto y puerperio normales y la atención del recién nacido, como, asimismo, actividades relacionadas con la lactancia materna, la planificación familiar, la salud sexual y reproductiva y la ejecución de acciones derivadas del diagnóstico y tratamiento médico y el deber de velar por la mejor administración de los recursos de asistencia para el paciente.

En la asistencia de partos, sólo podrán intervenir mediante maniobras en que se apliquen técnicas manuales y practicar aquellos procedimientos que signifiquen atención inmediata de la parturienta.

Podrán indicar, usar y prescribir sólo aquellos medicamentos que el reglamento clasifique como necesarios para la atención de partos normales y, en relación con la planificación familiar y la regulación de la fertilidad, prescribir métodos anticonceptivos, tanto hormonales —incluyendo anticonceptivos de emergencia— como no hormonales, y desarrollar procedimientos anticonceptivos que no impliquen uso de técnicas quirúrgicas, todo ello en conformidad a la ley Nº 20.418.

Modif.: Ley 19.536 Concede una bonificación extraordinaria para enfermeras matronas que se desempeñan en condiciones que indica, en los establecimientos de los servicios de salud, D.O. 19.12.1997. Artículo 7, letra b).

Ley 20.533 Modifica el Código Sanitario con el objeto de facultar a las matronas para recetar anticonceptivos, D.O. 13.09.20122. Artículo único, letras a), b) y c).

**Artículo 118.- Control de maternidad.** Los consultorios de matronas podrán ser destinados al control de la evolución del embarazo y quedarán incluidas en la reglamentación sobre maternidades particulares.

Conc.: Ley 18469 Regula el ejercicio del derecho constitucional a la protección de la salud y crea un régimen de prestaciones en salud. D.O. 23.1.1985. Artículo 9.

Decreto 946 Reglamento sobre maternidades particulares, Ministerio de Salubridad, Previsión y Asistencia Social, D.O. 23.12.1938.

Comentario: por la maternidad particular se entiende a la época de 1938 los consultorios de matronas y además, a toda habilitación local que preste asistencia obstétrica a una o más personas proporcionada por profesional médico o matrón.

**Artículo 119.- Aborto en tres causales.** Mediando la voluntad de la mujer, se autoriza la interrupción de su embarazo por un médico cirujano, en los términos regulados en los artículos siguientes, cuando:

1) La mujer se encuentre en riesgo vital, de modo que la interrupción del embarazo evite un peligro para su vida.

2) El embrión o feto padezca una patología congénita adquirida o genética, incompatible con la vida extrauterina independiente, en todo caso de carácter letal.

3) Sea resultado de una violación, siempre que no hayan transcurrido más de doce semanas de gestación. Tratándose de una niña menor de 14 años, la interrupción del embarazo podrá realizarse siempre que no hayan transcurrido más de catorce semanas de gestación.

En cualquiera de las causales anteriores, la mujer deberá manifestar en forma expresa, previa y por escrito su voluntad de interrumpir el embarazo. Cuando ello no sea posible, se aplicará lo dispuesto en el artículo 15, letras b) y c), de la ley N° 20.584, que regula los derechos y deberes que tienen las personas en relación con acciones vinculadas a su atención en salud, sin perjuicio de lo dispuesto en los incisos siguientes. En el caso de personas con discapacidad sensorial, sea visual o auditiva, así como en el caso de personas con discapacidad mental psíquica o intelectual, que no hayan sido declaradas interdictas y que no puedan darse a entender por escrito, se dispondrá de los medios alternativos de comunicación para prestar su consentimiento, en concordancia con lo dispuesto en la ley N° 20.422 y en la Convención sobre los Derechos de las Personas con Discapacidad.

Si la mujer ha sido judicialmente declarada interdicta por causa de demencia, se deberá obtener la autorización de su representante legal, debiendo siempre tener su opinión en consideración, salvo que su incapacidad impida conocerla.

Tratándose de una niña menor de 14 años, además de su voluntad, la interrupción del embarazo deberá contar con la autorización de su representante legal, o de uno de ellos, a elección de la niña, si tuviere más de uno. A falta de autorización, entendiendo por tal la negación del representante legal, o si éste no es habido, la niña, asistida por un integrante del equipo de salud, podrá solicitar la intervención del juez para que constate la ocurrencia de la causal. El tribunal resolverá la solicitud de interrupción del embarazo sin forma de juicio y verbalmente, a más tardar dentro de las cuarenta y ocho horas siguientes a la presentación de la solicitud, con los antecedentes que le proporcione el equipo de salud, oyendo a la niña y al representante legal que haya denegado la autorización. Si lo estimare procedente, podrá también oír a un integrante del equipo de salud que la asista.

Cuando a juicio del médico existan antecedentes para estimar que solicitar la autorización del representante legal podría generar a la menor de 14 años, o a la mujer judicialmente declarada interdicta por causa de demencia, un riesgo grave de maltrato físico o psíquico, coacción, abandono, desarraigo u otras acciones u omisiones que vulneren su integridad, se prescindirá de tal autorización y se solicitará una autorización judicial sustitutiva. Para efectos de este inciso la opinión del médico deberá constar por escrito.

La autorización judicial sustitutiva regulada en los incisos anteriores será solicitada al juez con competencia en materia de familia del lugar donde se encuentre la menor de 14 años o la mujer judicialmente declarada interdicta por causa de demencia. El procedimiento será reservado y no será admitida oposición alguna de terceros distintos del representante legal que hubiere denegado la autorización.

La resolución será apelable y se tramitará según lo establecido en el artículo 69, inciso quinto, del Código Orgánico de Tribunales.

La voluntad de interrumpir el embarazo manifestada por una adolescente de 14 años y menor de 18 deberá ser informada a su representante legal. Si la adolescente tuviere más de uno, sólo se informará al que ella señale.

Si a juicio del equipo de salud existen antecedentes que hagan deducir razonablemente que proporcionar esta información al representante legal señalado por la adolescente podría generar a ella un riesgo grave de maltrato físico o psíquico, coacción, abandono, desarraigo u otras acciones u omisiones que vulneren su integridad, se prescindirá de la comunicación al representante y, en su lugar, se informará al adulto familiar que la adolescente indique y, en caso de no haberlo, al adulto responsable que ella señale.

En el caso de que la adolescente se halle expuesta a alguno de los riesgos referidos en el inciso anterior, el jefe del establecimiento hospitalario o clínica particular deberá informar al tribunal con competencia en materia de familia que corresponda, para que adopte las medidas de protección que la ley establece.

El prestador de salud deberá proporcionar a la mujer información veraz sobre las características de la prestación médica, según lo establecido en los artículos 8 y 10 de la ley Nº 20.584. Asimismo, deberá entregarle información verbal y escrita sobre las alternativas a la interrupción del embarazo, incluyendo la de programas de apoyo social, económico y de adopción disponibles. La información será siempre completa y objetiva, y su entrega en ningún caso podrá estar destinada a influir en la voluntad de la mujer. No obstante lo anterior, el prestador de salud deberá asegurarse de que la mujer comprende todas las alternativas que tiene el procedimiento de interrupción, antes de que éste se lleve a cabo, y de que no sufra coacción de ningún tipo en su decisión.

En el marco de las tres causales reguladas en el inciso primero, la mujer tendrá derecho a un programa de acompañamiento, tanto en su proceso de discernimiento, como durante el período siguiente a la toma de decisión, que comprende el tiempo anterior y posterior al parto o a la interrupción del embarazo, según sea el caso. Este acompañamiento incluirá acciones de acogida y apoyo biopsicosocial ante la confirmación del diagnóstico y en cualquier otro momento de este proceso. En caso de continuación del embarazo, junto con ofrecer el apoyo descrito, se otorgará información pertinente a la condición de salud y se activarán las redes de apoyo. Este acompañamiento sólo podrá realizarse en la medida que la mujer lo autorice, deberá ser personalizado y respetuoso de su libre decisión. En el caso de concurrir la circunstancia descrita en el número 3) del inciso primero, se proveerá a la mujer de la información necesaria para que pueda presentar una denuncia.

En la situación descrita en el número 2) del inciso primero, el prestador de salud proporcionará los cuidados paliativos que el caso exija, tanto si se trata del parto como de la interrupción del embarazo con sobrevivencia del nacido.

Las prestaciones incluidas en el programa de acompañamiento a las mujeres que se encuentren en alguna de las tres causales serán reguladas por un decreto de las autoridades a que se refiere la letra b) del artículo 143 del decreto con fuerza de ley Nº 1, de 2005, del Ministerio de Salud. Asimismo, se establecerán los criterios para la confección de un listado de instituciones sin fines de lucro que ofrezcan apoyo adicional al programa de acompañamiento, el que deberá ser entregado de acuerdo al inciso undécimo. La madre podrá siempre solicitar que el acompañamiento a que tiene derecho le sea otorgado por instituciones u organizaciones de la sociedad civil, las que deberán estar acreditadas mediante decreto supremo dictado por el Ministerio de Salud, todo ello conforme a un reglamento dictado al efecto. La mujer podrá elegir libremente tanto la entidad como el programa de acompañamiento que estime más adecuado a su situación particular y convicciones personales.

En el caso de que el acompañamiento no sea ofrecido en los términos regulados en este artículo, la mujer podrá recurrir a la instancia de reclamo establecida en el artículo 30 de la ley N° 20.584. Ante este reclamo, el prestador de salud deberá dar respuesta por escrito dentro del plazo de cinco días hábiles, contado desde el día hábil siguiente a su recepción y, de ser procedente, adoptar las medidas necesarias para corregir las irregularidades reclamadas dentro del plazo máximo de cinco días hábiles, contado desde la notificación de la respuesta. Si la mujer presentare un reclamo ante la Superintendencia de Salud, de ser procedente según las reglas generales, ésta deberá resolverlo y podrá recomendar la adopción de medidas correctivas de las irregularidades detectadas, dentro de un plazo no superior a treinta días corridos. Sin perjuicio de lo anterior, toda mujer que hubiere sido discriminada arbitrariamente en el proceso de acompañamiento podrá hacer efectiva la acción de no discriminación arbitraria contemplada en los artículos 3 y siguientes de la ley N° 20.609, que establece medidas contra la discriminación.

Modif.: Ley 21.030 Regula la despenalización de la interrupción voluntaria del embarazo en tres causales, D.O. 23.09.2017. Artículo 1, número 1.

Conc.: Corte de Apelaciones de Antofagasta, Pleno 22, Acuerdo 22, Auto Acordado para la tramitación del Recurso de Apelación previsto en la Ley 21.030, 08.02.2019.

Corte de Apelaciones de Rancagua, Auto Acordado 1-2018, Tramitación del Recurso de Apelación. 03.08.2018.

Resolución Exenta 401, Aprueba orientaciones técnicas: acogida y acompañamiento psicosocial en el marco de la Ley 21.030, que despenaliza la interrupción voluntaria del embarazo en tres causales, Ministerio de Salud, D.O. 16.03.2018.

Decreto 44, Aprueba norma general técnica N° 197 sobre acompañamiento y atención integral a la mujer que solicita la interrupción voluntaria del embarazo en tres causales, Ministerio de Salud. D.O. 08.02.2018.

Código Penal. Artículo 344.

**Artículo 119 bis.- Diagnóstico médico para intervención abortiva.** Para realizar la intervención contemplada en el número 1) del inciso primero del artículo anterior, se deberá contar con el respectivo diagnóstico médico.

En el caso del número 2) del inciso primero del artículo referido, para realizar la intervención se deberá contar con dos diagnósticos médicos en igual sentido de médicos especialistas. Todo diagnóstico deberá constar por escrito y realizarse en forma previa.

En el caso del número 3) del inciso primero del artículo 119, un equipo de salud, especialmente conformado para estos efectos, confirmará la concurrencia de los hechos que lo constituyen y la edad gestacional, informando por escrito a la mujer o a su representante legal, según sea el caso, y al jefe del establecimiento hospitalario o clínica particular donde se solicita la interrupción. En el cumplimiento de su cometido, este equipo deberá dar y garantizar a la mujer un trato digno y respetuoso.

En los casos en que la solicitante sea una niña o adolescente menor de 18 años, los jefes de establecimientos hospitalarios o clínicas particulares en que se solicite la interrupción del embarazo procederán de oficio conforme a los artículos 369 del Código Penal, y 175, letra d), y 200 del Código Procesal Penal. Deberán, además, notificar al Servicio Nacional de Menores.

Tratándose de una mujer mayor de 18 años que no haya denunciado el delito de violación, los jefes de establecimientos hospitalarios o clínicas particulares deberán poner en conocimiento del Ministerio Público este delito, con la finalidad de que investigue de oficio al o los responsables.

En todos los casos anteriores se respetará el principio de confidencialidad en la relación entre médico y paciente, adaptándose las medidas necesarias para resguardar su aplicación efectiva.

En el proceso penal por el delito de violación, la comparecencia de la víctima a los actos del procedimiento será siempre voluntaria y no se podrá requerir o decretar en su contra las medidas de apremio contenidas en los artículos 23 y 33 del Código Procesal Penal.

Modif.: Ley 21.030 Regula la despenalización de la interrupción voluntaria del embarazo en tres causales, D.O. 23.09.2017. Artículo 1, número 2.

Conc.: Ley 21.675 Estatuye medidas para prevenir, sancionar y erradicar la violencia en contra de las mujeres en razón de su género. D.O. 14.06.2024. Artículo 6, Número 9.

Comentario: la violencia gineco-obstétrica viene definida legalmente en el año 2024 como todo tipo de maltrato que suceda en el marco de la atención de la salud sexual y reproductiva de la mujer.

**Artículo 119 ter.- Objeción de conciencia.** El médico cirujano requerido para interrumpir el embarazo por alguna de las causales descritas en el inciso primero del artículo 119 podrá abstenerse de realizarlo cuando hubiese manifestado su objeción de conciencia al director del establecimiento de salud, en forma escrita y previa. De este mismo derecho gozará el resto del personal al que corresponda desarrollar sus funciones al interior del pabellón quirúrgico durante la intervención. En este caso, el establecimiento tendrá la obligación de reasignar de inmediato otro profesional no objetante a la paciente. Si el establecimiento de salud no cuenta con ningún facultativo que no haya realizado la manifestación de objeción de conciencia, deberá derivarla en forma inmediata para que el procedimiento le sea realizado por quien no haya manifestado dicha objeción. El Ministerio de Salud dictará los protocolos necesarios para la ejecución de la objeción de conciencia. Dichos protocolos deberán asegurar la atención médica de las pacientes que requieran la interrupción de su embarazo en conformidad con los artículos anteriores. La objeción de conciencia es de carácter personal y podrá ser invocada por una institución.

Si el profesional que ha manifestado objeción de conciencia es requerido para interrumpir un embarazo, tendrá la obligación de informar de inmediato al director del establecimiento de salud que la mujer requirente debe ser derivada.

En el caso de que la mujer requiera atención médica inmediata e impostergable, invocando la causal del número del inciso primero del artículo 119, quien haya manifestado objeción de conciencia no podrá excusarse de realizar la interrupción del embarazo cuando no exista otro médico cirujano que pueda realizar la intervención.

Modif.: Ley 21.030 Regula la despenalización de la interrupción voluntaria del embarazo en tres causales, D.O. 23.09.2017. Artículo 1, número 3.

Conc.: Decreto 67, Aprueba reglamento para ejercer objeción de conciencia según lo dispuesto en el artículo 119 ter del Código Sanitario. D.O 23.10.2018.

**Artículo 119 quáter.- Prohibición de publicidad.** Queda estrictamente prohibida la publicidad sobre la oferta de centros, establecimientos o servicios, o de medios, prestaciones técnicas o procedimientos para la práctica de la interrupción del embarazo en las causales del inciso primero del artículo 119.

Lo anterior no obsta al cumplimiento de los deberes de información por parte del Estado ni a lo dispuesto en el párrafo 4° del título II de la ley N° 20.584.

Modif.: Ley 21.030 Regula la despenalización de la interrupción voluntaria del embarazo en tres causales, D.O. 23.09.2017. Artículo 1, número 4.

Conc.: Ley 19.496 Establece normas sobre protección de los derechos de los consumidores, D.O. 20.04.2021. Artículo 1, número 4 y artículo 2, letra f).

**Artículo 120.- Conflicto de interés.** Los profesionales señalados en los artículos 112 y 113 bis de este Código no podrán ejercer su profesión y tener intereses comerciales que digan relación directa con su actividad, en establecimientos destinados a la importación, producción, distribución y venta de productos farmacéuticos, aparatos ortopédicos, prótesis y artículos ópticos, a menos que el Colegio respectivo emita en cada caso un informe estableciendo que no se vulnera la ética profesional. Exceptúanse de esta prohibición los químico-farmacéuticos y farmacéuticos.

Rectif.: D.O. 29.11.1968.

Modif.: DFL 1003 Modifica Código Sanitario, Ministerio de Salud, D.O. 29.11.1968. Artículo 2, letra c).

Conc.: Ley 20.880 Sobre probidad en la función pública y prevención de los conflictos de intereses, D.O. 05.01.2016.

Decreto 2, Reglamento de la Ley 20880 sobre probidad en la función pública y prevención de los conflictos de intereses, Ministerio Secretaría General de la Presidencia, D.O. 02.06.2016.

Circular 49 Instruye sobre materias de probidad en la función pública y prevención de los conflictos de interés, Ministerio del Trabajo y Previsión Social, D.O. 05.09.2022.

**Artículo 120 bis.- Telemedicina.** Los profesionales a que se refiere este Libro podrán otorgar prestaciones a distancia mediante tecnologías de la información y comunicaciones, dentro del ámbito de sus competencias, en las condiciones y con los requisitos que establezcan el reglamento y las demás normativas que al efecto dicte el Ministerio de Salud.

Modif.: Ley 21.541 Modifica la normativa que indica para autorizar a los prestadores de salud a efectuar atenciones mediante telemedicina, D.O. 17.03.2023. Artículo 3.

Conc.: Ley 20.584 Regula los derechos y deberes que tienen las personas en relación con acciones vinculadas a su atención en salud, D.O. 24.04.2012. Artículos 3, 8, 8 bis, 9, 10 bis, 11, 13, 14.

DFL 1 Fija el texto refundido, coordinado y sistematizado del Decreto Ley Nº 2763, de 1979 y de las Leyes Nº 18933 y Nº 18469, Ministerio de Salud, D.O. 24.04.2006. Artículos 8 bis, 79 bis, 159.

Comentario: la Ley 21.541 modifica la Ley 20584 conocida como Ley de derechos y deberes de los pacientes, incorporando los servicios de telemedicina o salud digital. Aún no se dicta por el Ministerio de Salud, el reglamento mandatado por la ley que establecerá los requisitos y procedimientos aplicables a la autorización sanitaria de los prestadores institucionales que otorguen prestaciones de salud digital y todo lo que ello conlleva.

# LIBRO SEXTO
# DE LOS ESTABLECIMIENTOS DEL ÁREA DE LA SALUD

Modif.: Ley 20.724 Modifica el Código Sanitario en materia de regulación de farmacias y establecimientos, D.O. 14.02.2014.

## TÍTULO PRELIMINAR

**Artículo 121.- Autorización establecimientos de salud.** Son establecimientos del área de la salud aquellas entidades públicas o privadas que realizan o contribuyen a la ejecución de acciones de promoción, protección y recuperación de la salud y de rehabilitación de las personas enfermas.

Estos establecimientos requerirán, para su instalación, ampliación, modificación o traslado, autorización sanitaria de la Secretaría Regional Ministerial de Salud de la región en que se encuentren situados, la que se otorgará previo cumplimiento de los requisitos técnicos que determine el reglamento, sin perjuicio de las atribuciones que este Código confiere al Instituto de Salud Pública de Chile.

Conc.: Código Sanitario. Artículo 7.

## TÍTULO I
## DE LOS ESTABLECIMIENTOS ASISTENCIALES DE SALUD

**Artículo 122.- Autorización y reglamento de establecimientos asistenciales.** Los establecimientos asistenciales que realicen acciones de salud a las personas requerirán de autorización expresa de la Secretaría Regional Ministerial del territorio en que se encuentren situados y estarán sujetos a los requisitos de instalación, funcionamiento y dirección técnica que determine el reglamento que los regule en particular, en su condición de establecimientos de atención cerrada, generales o especializados. Dicho reglamento determinará, asimismo, los requisitos profesionales que deberá cumplir quien tenga su dirección técnica.

El reglamento de que trata el inciso anterior deberá considerar las circunstancias particulares de aquellos establecimientos que otorgan prestaciones o atenciones apoyadas en tecnologías de la información y las comunicaciones a distancia.

Conc.: Código Sanitario. Artículo 7.

Decreto 58, Ministerio de Salud, Aprueba normas técnicas básicas para la obtención de autorización sanitaria de los establecimientos asistenciales, D.O. 18.05.2009.

Decreto 161 Aprueba reglamento de hospitales y clínicas, D.O. 19.11.1982.

**Artículo 123.- Autorización de otros establecimientos.** Requerirán asimismo autorización sanitaria los establecimientos de atención abierta o ambulatoria en los cuales se realicen procedimientos especiales para el diagnóstico o tratamiento de las enfermedades que necesiten de infraestructura e instalaciones especiales para su realización y eventualmente de sedación o anestesia local, todos los cuales deberán cumplir con los requisitos de recursos físicos, humanos y de dirección técnica que a su respecto se contemple en los reglamentos pertinentes.

Los establecimientos en que se ejerzan prácticas médicas alternativas o complementarias reguladas por decreto requerirán de autorización sanitaria, la que se otorgará de conformidad con lo establecido en dicha reglamentación.

El ejercicio de prácticas no reguladas en la forma antedicha será fiscalizado por la autoridad sanitaria y queda sujeto a las prohibiciones establecidas en los artículos 53 y 54 y en el Libro Quinto.

Conc.: Código Sanitario. Artículo 7, 53, 54 y 112-120 bis.

Decreto 42, Ministerio de Salud, Aprueba reglamento para el ejercicio de las prácticas médicas alternativas como profesiones auxiliares de la salud y de los recintos en que estas se realizan, D.O. 17.06.2005.

Decreto 283, Ministerio de Salud, Aprueba reglamento sobre salas de procedimientos y pabellones de cirugía menor, D.O. 12.07.1997.

**Artículo 124.- Cuidado y embellecimiento.** Los establecimientos que realicen actividades dirigidas al cuidado y embellecimiento estético corporal serán fiscalizados por la autoridad sanitaria con el objeto de que su funcionamiento se ajuste a las normas reglamentarias que al efecto se dicten. Sin perjuicio de lo anterior, aquellos establecimientos que, aun cuando anuncien o persigan una finalidad estética, utilicen instrumentos o equipos que afecten invasivamente el cuerpo humano, generen riesgo para éste, ejecuten maniobras o empleen instrumentos que penetren la piel y mucosas deberán contar con una dirección técnica a cargo de un profesional del área de la salud, además de autorización sanitaria previa a su funcionamiento.

Conc.: Código Sanitario. Artículo 7.

Decreto 283, Ministerio de Salud, Aprueba reglamento sobre salas de procedimientos y pabellones de cirugía menor, D.O. 12.07.1997.

## TÍTULO II
## DE LOS ESTABLECIMIENTOS DE ÓPTICA Y DE OTROS ELEMENTOS DE USO MÉDICO Y DE OTROS ELEMENTOS DE USO MÉDICO

**Artículo 125.- Establecimientos de elementos de uso médico.** Los establecimientos que fabriquen los elementos de uso médico aludidos en el artículo 111 requerirán de la autorización sanitaria de la Secretaría Regional Ministerial de Salud competente, la que se otorgará previa verificación del cumplimiento de los requisitos y condiciones relativos a su elaboración, control de calidad, distribución y venta que se determinen en los reglamentos que específicamente se dicten para cada clase o tipo, según el riesgo sanitario que involucre su uso o destino.

Corresponderá a la autoridad sanitaria fiscalizar el funcionamiento de estos establecimientos en sus áreas de fabricación, distribución y venta.

Conc.: Código Sanitario. Artículo 7 y 111.

Decreto 825, Ministerio de Salud, Aprueba reglamento de control de productos y elementos de uso médico, D.O. 21.08.1999.

Decreto 4, Ministerio de Salud, Aprueba reglamento de establecimientos de óptica, D.O. 13.03.1985.

**Artículo 126.- Establecimientos de óptica.** Sólo en los establecimientos de óptica podrán fabricarse lentes con fuerza dióptrica de acuerdo con las prescripciones que se ordenen en la receta correspondiente.

Los establecimientos de óptica podrán abrir locales destinados a la recepción y al despacho de recetas emitidas por profesionales en que se prescriban estos lentes, bajo la responsabilidad técnica de la óptica pertinente.

Autorízase la fabricación, venta y entrega, sin receta, de lentes con fuerza dióptrica sólo esférica e igual en ambos ojos, sin rectificación de astigmatismo, destinados a corregir problemas de presbicia.

La venta o entrega de dichos lentes deberá acompañarse de una advertencia sobre la conveniencia de una evaluación oftalmológica que permita prevenir riesgos para la salud ocular.

Conc.: Código Sanitario. Artículo 120.

Decreto 4, Ministerio de Salud, Aprueba reglamento de establecimientos de óptica, D.O. 13.03.1985.

Comentario: la Contraloría General de la República ha abordado la relación entre los establecimientos de óptica y las consultas oftalmológicas, para resguardar la aplicación del artículo 120 del Código Sanitario. Al respecto, ver Contraloría General de la República, dictámenes Nº 090305N16 y 035686N16.

## TÍTULO III
## DE LOS ESTABLECIMIENTOS DEL ÁREA FARMACÉUTICA

**Artículo 127.- Establecimientos farmacéuticos.** La producción de medicamentos sólo podrá efectuarse en laboratorios farmacéuticos especialmente autorizados al efecto por el Instituto de Salud Pública de Chile, entidad a la cual le corresponderá, asimismo, su fiscalización y control, todo ello conforme a las condiciones que determine el reglamento.

La dirección técnica de estos establecimientos estará a cargo de un profesional químico farmacéutico y, en el caso de la fabricación de productos farmacéuticos de origen biológico, podrá además corresponder a un ingeniero en biotecnología, un bioquímico o un médico cirujano con especialización en esa área.

Todo laboratorio de producción farmacéutica deberá contar con sistemas de control y de aseguramiento de la calidad independientes entre sí, a cargo de diferentes profesionales, los que deberán tener alguno de los títulos y especializaciones referidos precedentemente, según el caso. Estos sistemas deberán asegurar el cumplimiento de los requerimientos contemplados en las buenas prácticas de manufactura y de laboratorio que a su respecto se aprueben por resolución ministerial, según el tipo de actividad productiva que haya sido autorizada para el establecimiento.

Los laboratorios farmacéuticos que ejecuten en forma exclusiva las etapas de acondicionamiento o control de calidad darán cumplimiento a las disposiciones reglamentarias que al efecto se contemplen.

No obstante lo anterior, las farmacias podrán elaborar, sin utilizar procesos industriales, preparados farmacéuticos conforme a las indicaciones de quien prescribe o a las contenidas en las normas de elaboración aprobadas, según corresponda al tipo de preparado magistral u oficinal, en la forma y condiciones que establezca la reglamentación que al efecto se emita.

Los recetarios magistrales se entenderán autorizados para preparar las drogas huérfanas.

Conc.: Código Sanitario. Artículo 7.

Decreto 3, Ministerio de Salud, Aprueba reglamento del sistema nacional de control de los productos farmacéuticos de uso humano, D.O. 25.06.2011.

Decreto 404, Ministerio de Salud, Reglamento de estupefacientes, D.O. 20.02.1984.

Decreto 405, Ministerio de Salud, Reglamento de productos psicotrópicos, D.O. 20.02.1984.

**Artículo 128.- Medicamentos.** La importación, internación, almacenamiento, transporte y distribución a cualquier título de medicamentos y de materias primas necesarias para su obtención podrán realizarse por los laboratorios farmacéuticos encargados de la fabricación de los medicamentos de que se trate y por droguerías que hayan sido autorizados por el Instituto de Salud Pública de Chile, de conformidad con los requerimientos que a su respecto contenga la reglamentación respectiva, y sean dirigidos técnicamente por un químico farmacéutico.

Sin perjuicio de lo dispuesto precedentemente, el almacenamiento, transporte y distribución de medicamentos podrán ser efectuados también por establecimientos de depósito autorizados por el Instituto, previo cumplimiento de los requisitos reglamentarios establecidos para ello.

La fabricación, acondicionamiento o internación de productos farmacéuticos destinados exclusivamente a la exportación, por cuenta propia o ajena, deberán ser realizadas por laboratorios o droguerías autorizados, según corresponda. Además, deberán ser notificadas al Instituto, incluyendo la individualización del exportador, del fabricante y del registro del producto.

Conc.: Código Sanitario. Artículo 7 y 160.

Ley 18.164 Introduce modificaciones a la legislación aduanera, D.O. 17.09.1982. Artículo 2°.

Decreto 3, Ministerio de Salud, Aprueba reglamento del sistema nacional de control de los productos farmacéuticos de uso humano, D.O. 25.06.2011.

Decreto 404, Ministerio de Salud, Reglamento de estupefacientes, D.O. 20.02.1984.

Decreto 405, Ministerio de Salud, Reglamento de productos psicotrópicos, D.O. 20.02.1984.

**Artículo 129.- Instalación de farmacias y almacenes.** Las farmacias y almacenes farmacéuticos podrán instalarse de manera independiente, con acceso a vías de uso público, o como un espacio circunscrito dentro de otro. Un reglamento dictado a través del Ministerio de Salud determinará los requisitos que deberán cumplir dichos establecimientos para ser autorizados por el Instituto de Salud Pública de Chile, así como la idoneidad del profesional o técnico que según cada caso ejerza su dirección técnica y el horario o turnos que deberán cumplir para asegurar una adecuada disponibilidad de medicamentos en días inhábiles y feriados legales y en horario nocturno. Para los efectos de la fijación de turnos, deberán considerarse datos poblacionales y cantidad de farmacias, de almacenes farmacéuticos y de establecimientos de salud existentes en la localidad de que se trate.

Las farmacias son centros de salud, esto es, lugares en los cuales se realizan acciones sanitarias y, en tal carácter, cooperarán con el fin de garantizar el uso racional de los medicamentos en la atención de salud. Serán dirigidas por un químico farmacéutico y contarán con un petitorio mínimo de medicamentos para contribuir a las labores de fármacovigilancia.

En aquellos lugares donde no existan farmacias establecidas, podrán autorizarse farmacias itinerantes, las que corresponderán a estructuras móviles que se ubicarán en lugares y horarios autorizados expresamente por la autoridad sanitaria, facilitando el acceso de la población a los medicamentos, cumpliendo en todo caso las condiciones que al efecto establezca el respectivo reglamento.

Además, en aquellos lugares en los cuales no existan establecimientos de expendio de medicamentos al público, el Ministerio de Salud arbitrará las medidas necesarias para su adecuada disponibilidad, a través de los establecimientos de salud.

Sólo los establecimientos señalados en este artículo y en el artículo 129 D estarán facultados para expender productos farmacéuticos, cualquiera sea la condición de venta de éstos.

Conc.: Código Sanitario. Artículo 7.

Decreto 466, Ministerio de Salud, Aprueba reglamento de farmacias, droguerías, almacenes farmacéuticos, botiquines y depósitos autorizados, D.O. 12.03.1985.

**Artículo 129 A.- Dirección de las farmacias.** Las farmacias deberán ser dirigidas técnicamente por un químico farmacéutico que deberá estar presente durante todo el horario de funcionamiento del establecimiento.

Corresponderá a estos profesionales realizar o supervisar la dispensación adecuada de los productos farmacéuticos, conforme a los términos dispuestos en la receta, informar personalmente y propender a su uso racional, absolviendo las consultas que le formulen los usuarios. También les corresponderá ejercer la permanente vigilancia de los aspectos técnico sanitarios del establecimiento, sin perjuicio de la responsabilidad que les pueda caber en la operación administrativa del mismo, la que estará encomendada a su personal dependiente. En el ejercicio de su función de dispensación, dichos profesionales deberán, además, efectuar o supervisar el fraccionamiento de envases de medicamentos para la entrega del número de dosis requerido por la persona, según la prescripción del profesional competente.

Mediante decreto dictado a través del Ministerio de Salud se aprobarán las normas para la correcta ejecución del fraccionamiento, las que incluirán la determinación de los productos de venta con receta médica no sujeta a control legal sobre los cuales se podrá realizar, incluyendo su forma farmacéutica, la obligación de distribuirlos y expenderlos en condiciones seguras, evitando contaminaciones y errores, y las condiciones de rotulación del envase de entrega al adquirente que permitan identificar el producto, al prescriptor y al paciente, así como las indicaciones para su empleo. Esas normas serán obligatorias para los importadores, fabricantes y distribuidores de medicamentos y para las farmacias.

Conc.: Decreto 466, Ministerio de Salud, Aprueba reglamento de farmacias, droguerías, almacenes farmacéuticos, botiquines y depósitos autorizados, D.O. 12.03.1985. Artículos 23 y 24.

Comentario: la Contraloría General de la República ha abordado la responsabilidad que le cabe a quien dirige la farmacia en calidad de químico-farmacéutico respecto de la custodia de los bienes que están bajo su cuidado. Al respecto, ver Contraloría General de la República, dictamen Nº E22272N20.

**Artículo 129 B.- Medicamentos de venta directa.** Los medicamentos de venta directa podrán estar disponibles en farmacias y almacenes farmacéuticos en repisas, estanterías, góndolas, anaqueles, dispensadores u otros dispositivos similares que permitan el acceso directo al público, considerando medidas de resguardo general para evitar su alcance y manipulación por niños o infantes, todo conforme lo determine el reglamento que se dicte para regular lo dispuesto en este artículo.

Al efecto, la puesta a disposición al público deberá efectuarse en un área especial y exclusivamente destinada para ello, la que deberá permitir su adecuada conservación y almacenamiento.

Las farmacias y almacenes farmacéuticos que expendan medicamentos de venta directa conforme al inciso anterior, además, deberán:

1) Instalar infografías en espacios visibles al público, que permitan la lectura de una advertencia sobre el adecuado uso y dosificación de medicamentos con condición de venta directa.

2) Mantener en un lugar visible al público, números telefónicos de líneas existentes que provean gratuitamente información toxicológica, ya sea de servicios públicos o privados.

El texto y formato de la infografía, como también la información sobre líneas telefónicas a que se refiere este artículo, serán aprobados por resolución del Ministro de Salud.

Conc.: Decreto 466, Ministerio de Salud, Aprueba reglamento de farmacias, droguerías, almacenes farmacéuticos, botiquines y depósitos autorizados, D.O. 12.03.1985. Artículos 10, 14A y 58.

Resolución exenta 936, Ministerio de Salud, Aprueba infografía que las farmacias y almacenes farmacéuticos deben mantener en espacios visibles al público, D.O. 09.09.2016.

**Artículo 129 C.- Almacenes farmacéuticos.** También podrán venderse medicamentos al público en almacenes farmacéuticos, los cuales deberán ser autorizados conforme a las normas reglamentarias que se dicten al efecto, las que deberán incluir exigencias de infraestructura, procesos y calificación técnica del personal a cargo.

No obstante el funcionamiento de farmacias o almacenes farmacéuticos privados, en las comunas de menos de diez mil habitantes y en aquellas que se ubiquen a más de cien kilómetros de otro centro poblado, los establecimientos asistenciales de la localidad estarán autorizados para suministrar al público productos farmacéuticos, alimentos de uso médico y elementos de curación y primeros auxilios.

Conc.: Código Sanitario. Artículo 7.

Decreto 466, Ministerio de Salud, Aprueba reglamento de farmacias, droguerías, almacenes farmacéuticos, botiquines y depósitos autorizados, D.O. 12.03.1985. Artículos 56-73.

**Artículo 129 D.- Botiquines.** Los establecimientos asistenciales de atención cerrada y los de atención ambulatoria que cuenten con salas de procedimiento o pabellones de cirugía menor podrán contar con farmacia o con botiquines en los que se incluyan los medicamentos necesarios para el ejercicio de las acciones de salud que se lleven a efecto dentro del establecimiento.

También podrán autorizarse botiquines, conforme a la reglamentación que se dicte, en otros establecimientos o lugares de trabajo, teniendo en consideración su constitución, organización, aislamiento o el desarrollo de actividades o servicios que conlleven riesgos de salud o de accidentabilidad.

Los botiquines a que se refieren los incisos anteriores podrán ser autorizados, además, para el expendio de medicamentos.

Los establecimientos de asistencia médica abierta y cerrada que incorporen medicamentos a la prestación de salud que otorgan a sus afiliados o beneficiarios podrán disponer, por sí o por terceros, de servicios de administración, fraccionamiento y entrega de dichos elementos.

Los profesionales habilitados para prescribir medicamentos o realizar procedimientos que los incorporen podrán mantener existencia de los mismos exclusivamente para su administración o empleo en el ejercicio de su actividad, quedándoles prohibida la venta de tales productos. En todo caso, será obligación de tales profesionales mantener los productos señalados en condiciones adecuadas de seguridad y conservación.

Ninguna de las normas establecidas en esta ley podrá ser interpretada en el sentido de que se autoriza el expendio de medicamentos en lugares o recintos distintos de los señalados expresamente en ella ni a la venta directa en estanterías u otros espacios de acceso directo al público.

Conc.: Código Sanitario. Artículo 7.

Decreto 283, Ministerio de Salud, Aprueba reglamento sobre salas de procedimientos y pabellones de cirugía menor, D.O. 12.07.1997.

Decreto 466, Ministerio de Salud, Aprueba reglamento de farmacias, droguerías, almacenes farmacéuticos, botiquines y depósitos autorizados, D.O. 12.03.1985. Artículos 74-79A.

# LIBRO VII
# DE LA OBSERVACIÓN Y RECLUSIÓN DE LOS ENFERMOS MENTALES, DE LOS ALCOHÓLICOS Y DE LOS QUE PRESENTEN ESTADO DE DEPENDENCIA DE OTRAS DROGAS Y SUBSTANCIAS

**Artículo 130.- Personas en condición de dependencia.** El Director General de Salud, resolverá sobre la observación de los enfermos mentales, de los que presentan dependencias de drogas u otras substancias, de los alcohólicos y de las personas presuntivamente afectadas por estas alteraciones, así como sobre su internación, permanencia y salida de los establecimientos públicos o particulares destinados a ese objeto. Estos establecimientos cumplirán con los requisitos que señala el reglamento.

Conc.: Ley 19925 Sobre expendio y consumo de bebidas alcohólicas, D.O. 19.01.2024. Título II, de las medidas de prevención y rehabilitación. Artículos 25-40.

Decreto 172 Aprueba reglamento del Título II y artículo 57 de la Ley 19925, Ministerio de Salud, D.O. 24.08.2025.

Comentario: el reglamento 172 referido, busca establecer una vinculación complementaria entre las entidades del sector de policía local municipal, responsable de las acciones de carácter correctivo, y el sector salud, a cargo de aquellas de índole preventiva y recuperativa, ambas en beneficio de las personas y de la comunidad afectadas.

**Artículo 131.- Internación psiquiátrica.** La internación de las personas a que se refiere el artículo anterior, puede ser voluntaria, administrativa, judicial o de urgencia. El Reglamento establecerá las condiciones de estos tipos de internación.

Conc.: Ley 21331 Del reconocimiento y protección de los derechos de las personas en la atención de su salud mental, D.O. 11.05.2021. Título III, De la naturaleza y requisitos de la internación psiquiátrica, artículos 11-21.

Ley 20584 Regula los derechos y deberes que tienen las personas en relación con acciones vinculadas a su atención en salud, D.O. 24.04.2012. Artículo 29.

Circular 6 Instruye sobre Hospitalización involuntaria de personas afectadas por enfermedades mentales dejando sin efecto circular que indica, Ministerio de Salud, D.O. 29.12.2021.

Comentario: La Ley 21331 derogó el Decreto 570, reglamento para internación de las personas con enfermedades mentales y sobre los establecimientos que las proporcionan, Ministerio de Salud, D.O. 14.07.2000. Hasta el momento, no se ha dictado el reglamento mandatado por la nueva legalidad vigente, que se encontraría en etapa de elaboración.

**Artículo 132.- Internación psiquiátrica voluntaria.** En los casos de ingreso voluntario la salida del establecimiento se efectuará por indicación médica o a pedido del enfermo, siempre que, la autoridad sanitaria estime que éste puede vivir fuera del establecimiento sin constituir un peligro para él o para los demás.

La salida de las personas internadas por resolución administrativa será decretada por el Director General de Salud, aun cuando se trate de un enfermo hospitalizado en un establecimiento particular. El Director General podrá autorizar su salida a solicitud escrita de los familiares o de los representantes legales y bajo la responsabilidad de éstos, para su atención domiciliaria, previa autorización médica y siempre que se garantice el control y vigilancia del enfermo en términos que no constituya peligro para sí ni para terceros.

Los enfermos mentales, los que dependen de drogas u otras substancias y los alcohólicos ingresados por orden judicial saldrán cuando lo decrete el Juez respectivo.

Conc.: Código Sanitario. Artículo 7.

Ley 21.331 Del reconocimiento y protección de los derechos de las personas en la atención de su salud mental, D.O. 11.05.2021. Título III, De la naturaleza y requisitos de la internación psiquiátrica, artículos 11-21.

Ley 20.584 Regula los derechos y deberes que tienen las personas en relación con acciones vinculadas a su atención en salud, D.O. 24.04.2012. Artículos 14 y 29.

Circular 6, Ministerio de Salud, Instruye sobre Hospitalización involuntaria de personas afectadas por enfermedades mentales dejando sin efecto circular que indica, D.O. 29.12.2021.

**Artículo 133.- Curaduría eventual de pacientes psiquiátricos.** Los Directores de establecimientos especializados de atención psiquiátrica serán curadores provisorios de los bienes de los enfermos hospitalizados en ellos que carecieren de curador o no estén sometidos a patria potestad o potestad marital, mientras permanezcan internados o no se les designe curador de acuerdo a las normas del derecho común.

Para ejercer esta curaduría los funcionarios antes indicados no necesitarán de discernimiento, ni estarán obligados a rendir fianza ni hacer inventario. En lo demás se regirán por las disposiciones del derecho común.

En el ejercicio de esta curaduría el Director del establecimiento gozará del privilegio de pobreza en las actuaciones judiciales y extrajudiciales que realice y no percibirá retribución alguna, sin perjuicio de los derechos que correspondan al Servicio Nacional de Salud en conformidad al arancel que se dicte de acuerdo con el presente Código.

Conc.: Código Civil. Libro I, Título XIX, De las tutelas y curadurías en general, artículo 342. Título XX, De las diligencias y formalidades que deben proceder al ejercicio de la tutela o curaduría (salvo normas sobre discernimiento, fianza e inventario).

**Artículo 134.- Derecho a la privacidad.** Los registros, libros, fichas clínicas y documentos de los establecimientos mencionados en el artículo 130° tendrán el carácter de reservado, salvo para las autoridades judiciales, del Ministerio Público y para el Servicio Nacional de Salud.

Sólo el Director del Establecimiento en caso de los establecimientos públicos, y el Director o el médico tratante, en el caso de los establecimientos privados podrán dar certificados sobre la permanencia de los enfermos en los establecimientos psiquiátricos, la naturaleza de su enfermedad o cualquiera otra materia relacionada con su hospitalización. Este certificado sólo podrán solicitarlo los enfermos, sus representantes legales o las autoridades judiciales.

Modif.: Ley 19806 Normas adecuatorias del sistema legal chileno a la reforma procesal penal. D.O. 31.05.202. Artículo 40.

Conc.: Ley 21.331 Del reconocimiento y protección de los derechos de las personas en la atención de su salud mental, D.O. 11.05.2021. Artículo 9 número 3 y 14,

Ley 20.584 Regula los derechos y deberes que tienen las personas en relación con acciones vinculadas a su atención en salud, D.O. 24.04.2012. Párrafo 6, artículo 12 y 13.

Ley 19.628 Sobre protección a la vida privada. D.O. 28.08.1999. Artículo 2, letra g).

# LIBRO VIII
# DE LAS INHUMACIONES, EXHUMACIONES Y TRASLADO DE CADÁVERES

**Artículo 135.- Inhumación de cadáveres o restos humanos.** Sólo en cementerios legalmente autorizados podrá efectuarse la inhumación de cadáveres o restos humanos.

Sin embargo, el Director General de Salud podrá autorizar la inhumación temporal o perpetua de cadáveres en lugares que no sean cementerios, en las condiciones que establezca en cada caso.

Conc.: Código Sanitario. Artículo 7.

Decreto 357 Reglamento general de cementerios, Ministerio de Salud, D.O. 18.06.1970. Título VII, Artículos 69-74.

**Artículo 136.- Autorización sanitaria para funcionamiento de cementerios, casas funerarias y otros.** Sólo el Servicio Nacional de Salud podrá autorizar la instalación y funcionamiento de cementerios, crematorios, casas funerarias y demás establecimientos semejantes. Un Reglamento contendrá las normas que regirán para la instalación y funcionamiento de los mencionados establecimientos y sobre la inhumación, cremación, transporte y exhumación de cadáveres.

Los establecimientos señalados en el inciso precedente deberán disponer en sus reglamentos internos un horario de funcionamiento extraordinario para atender las ceremonias y las romerías nocturnas de integrantes de los Cuerpos de Bomberos de Chile o de otras instituciones que así lo requieran, previa autorización de la autoridad sanitaria.

Modif.: Ley 21.703 Modifica el Código Sanitario para permitir que las ceremonias fúnebres de los cuerpos de bomberos puedan efectuarse en un horario especial. D.O. 23.10.2024. Artículo único.

Conc.: Código Sanitario. Artículo 7.

Decreto 357 Reglamento general de cementerios, Ministerio de Salud, D.O. 18.06.1970. Título I. Artículos 4 y 11-13.

**Artículo 137.- Prohibición.** No podrá rechazarse en un Cementerio la inhumación de un cadáver, sin una justa causa calificada por el Servicio Nacional de Salud.

Conc.: Decreto 357 Reglamento general de cementerios, Ministerio de Salud, D.O. 18.06.1970. Título III. Artículo 28.

**Artículo 138.- Cementerios Municipales.** Corresponderá a las Municipalidades de la República instalar cementerios, previa aprobación del Servicio Nacional de Salud, en los lugares en que no los hubiere o fueren insuficientes, pudiendo adquirir o expropiar terrenos para tal objeto.

Conc.: Código Sanitario. Artículo 7.

Decreto 357 Reglamento general de cementerios, Ministerio de Salud, D.O. 18.06.1970. Título I. Artículos 4, 15.

**Artículo 139.- Plazo para sepultar.** Ningún cadáver podrá permanecer insepulto por más de cuarenta y ocho horas, a menos que el Servicio Nacional de Salud lo autorice, o cuando haya sido embalsamado o se requiera practicar alguna investigación de carácter científico, judicial o penal.

El Servicio Nacional de Salud podrá ordenar la inhumación, en un plazo inferior cuando razones técnicas lo aconsejen.

Modif.: Ley 19806 Normas adecuatorias del sistema legal chileno a la reforma procesal penal. D.O. 31.05.202. Artículo 40.

Conc.: Dictamen Nº 29034 Contraloría General de la República, de 24.06.2008.

**Artículo 140.- Obligación de sepultar.** La obligación de dar sepultura a un cadáver recaerá sobre el cónyuge sobreviviente o sobre el pariente más próximo que estuviere en condición de sufragar los gastos o la persona con la que el difunto haya mantenido un acuerdo de unión civil vigente al momento de su muerte.

Modif.: Ley 20830 Crea acuerdo de unión civil, D.O. 21.04.2015. Artículo 38, letra i).

**Artículo 141.- Certificación de la muerte.** Prohíbese inscribir en el Registro Civil las defunciones e inhumaciones de cadáveres si no se justifican previamente las causas del fallecimiento mediante un certificado del médico que lo asistió en la última enfermedad. A falta de éste, corresponderá extender dicho certificado al Servicio Nacional de Salud en las condiciones que determine el Reglamento.

Conc.: Decreto 460 Reglamento sobre extensión de certificado médico de defunción, D.O. 18.07.1970. Artículos 1-5.

DFL 1 Fija texto refundido, coordinado y sistematizado del Código Civil; de la Ley N° 4.808, sobre Registro Civil, de la Ley N° 17.344, que Autoriza cambio de nombres y apellidos, de la Ley N° 16.618, Ley de Menores, de la Ley N° 14.908, sobre Abandono de familia y pago de pensiones alimenticias, y de la Ley N° 16.271, de Impuesto a las herencias, asignaciones y donaciones, D.O. 30.05.2000, Artículo 3. Título IV, De las Defunciones, artículo 45.

Código Penal. Artículo 496.

**Artículo 142.- Certificación de la muerte a través de testigos.** A falta de certificación médica establecida en el artículo anterior, la verificación del fallecimiento se establecerá mediante la declaración de dos o más testigos, rendida ante el Oficial del Registro

Civil o ante cualquiera autoridad judicial del lugar en que haya ocurrido la muerte. Esta declaración deberá ser hecha de preferencia por las personas que hubieren estado presentes en los momentos antes del deceso, de todo lo cual se dejará expresa constancia.

Conc.: Decreto 460 Reglamento sobre extensión de certificado médico de defunción, D.O. 18.07.1970. Artículo 6.

DFL 1 Fija texto refundido, coordinado y sistematizado del Código Civil; de la Ley N° 4.808, sobre Registro Civil, de la Ley N° 17.344, que Autoriza cambio de nombres y apellidos, de la Ley N° 16.618, Ley de Menores, de la Ley N° 14.908, sobre Abandono de familia y pago de pensiones alimenticias, y de la Ley N° 16.271, de Impuesto a las herencias, asignaciones y donaciones, D.O. 30.05.2000, Artículo 3. Título IV, De las Defunciones, artículo 45.

**Artículo 143.- Inscripción del fallecimiento.** Los fallecimientos deberán ser inscritos en el Registro Civil de acuerdo con la clasificación internacional de las causas de muerte.

Conc.: Decreto 1 Aprueba norma general técnica que establece uso de la décima revisión de la clasificación estadística internacional de enfermedades y problemas relacionados con la salud para la codificación de las causas de muerte y de enfermedad, Ministerio de Salud, D.O. 25.04.2008.

Decreto 356 Exento, Complementa Norma Técnica del 7 de enero de 2008, que Establece uso de la Décima revisión de la clasificación estadística internacional de enfermedades y problemas relacionados con la salud para la codificación de las causas de muerte y de enfermedad, CIE-10, D.O. 06.12.2017.

**Artículo 144.- Autorización sanitaria en caso de exhumación y traslado de cadáver o restos humanos.** La exhumación, transporte internacional, internación y traslado de una localidad a otra del territorio nacional de cadáveres o restos humanos, sólo podrá efectuarse con autorización del Director General de Salud. Las exhumaciones que decrete la Justicia Ordinaria se exceptúan de esta obligación.

Conc.: Código Sanitario. Artículo 7.

Comentario: la autorización sanitaria para la exhumación de un cadáver regulada en este artículo no alcanza a aquellas que se realicen por razones de investigación científica, que se rigen por las reglas previstas en el libro IX. Ver, dictamen de la Contraloría General de la República N° 53694 de 13.11.2008.

## LIBRO IX
## DEL APROVECHAMIENTO DE TEJIDOS O PARTES DEL CUERPO DE UN DONANTE VIVO Y DE LA UTILIZACIÓN DE CADÁVERES O PARTE DE ELLOS CON FINES CIENTÍFICOS O TERAPÉUTICOS

Modif.: Ley 18.173 Modifica el Código Sanitario, D.O. 15.11.1982.

Ley 19.451 Establece normas sobre trasplante y donación de órganos, D.O. 10.04.1996. Artículo 17, a).

Conc.: Decreto 240 Reglamento del Libro IX del Código Sanitario, Ministerio de Salud, D.O. 03.12.1983.

Ley 19.451 Establece normas sobre trasplante y donación de órganos, D.O. 10.04.1996.

**Artículo 145.- Donación a título gratuito.** El aprovechamiento de tejidos o partes del cuerpo de un donante vivo, para su injerto en otra persona, sólo se permitirá cuando fuere a título gratuito y con fines terapéuticos.

Modif.: Ley 19451 Establece normas sobre trasplante y donación de órganos, D.O. 10.04.1996. Artículo 17, letra b).

Conc.: Decreto 240 Reglamento del Libro IX del Código Sanitario, Ministerio de Salud, D.O. 03.12.1983. Artículo 15.

Ley 19.451 Establece normas sobre trasplante y donación de órganos, D.O. 10.04.1996. Artículos 1 y 3.

**Artículo 146.- Capacidad jurídica.** Toda persona plenamente capaz podrá disponer de su cadáver, o de partes de él, con el objeto de que sea utilizado en fines de investigación científica, para la docencia universitaria, para la elaboración de productos terapéuticos o en la realización de injertos.

El donante manifestará su voluntad por escrito, pudiendo revocarla en la misma forma, todo ello de conformidad con las formalidades que señale el reglamento.

Modif.: Ley 19.451 Establece normas sobre trasplante y donación de órganos, D.O. 10.04.1996. Artículo 17, letra b).

Conc.: Decreto 240 Reglamento del Libro IX del Código Sanitario, Ministerio de Salud, D.O. 03.12.1983. Artículos 1-6.

Ley 19.451 Establece normas sobre trasplante y donación de órganos, D.O. 10.04.1996. Artículos 2, 4 y 6.

**Artículo 147.- Cadáveres para uso en investigación científica.** Los cadáveres de personas fallecidas en establecimientos hospitalarios públicos o privados, o que se encuentren en establecimientos del Servicio Médico Legal, que no fueren reclamados dentro del plazo que señale el reglamento, podrán ser destinados a estudios e investigación científica, y sus órganos y tejidos, destinados a la elaboración de productos terapéuticos y a la realización de injertos.

Podrán ser destinados a los mismos fines cuando el cónyuge o, a falta de éste, los parientes en primer grado de consanguinidad en la línea recta o colateral o la persona con la que el difunto tuviere vigente un acuerdo de unión civil al momento de su muerte no manifestaren su oposición dentro del plazo y en la forma que señale el reglamento.

Modif.: Ley 20.830 Crea acuerdo de unión civil, D.O. 21.04.2015. Artículo 38, letra ii).

Ley 18173 Modifica el Código Sanitario, D.O. 15.11.1982. Artículo 2.

Conc.: Decreto 240 Reglamento del Libro IX del Código Sanitario, Ministerio de Salud, D.O. 03.12.1983. Artículo 10.

**Artículo 148.- Uso de restos humanos para fines terapeúticos.** Podrán también destinarse a injertos con fines terapéuticos los tejidos de cadáveres de personas cuyo cónyuge o, a falta de éste, los parientes en el orden señalado en el artículo 42 del Código Civil o la persona con la que haya mantenido un acuerdo de unión civil vigente al momento de su muerte, otorguen autorización en un acta suscrita ante el director del establecimiento hospitalario donde hubiere ocurrido el fallecimiento.

Modif.: Ley 20.830 Crea acuerdo de unión civil, D.O. 21.04.2015. Artículo 38, letra iii)

Conc.: Decreto 240 Reglamento del Libro IX del Código Sanitario, Ministerio de Salud, D.O. 03.12.1983. Artículo 11.

**Artículo 149.-** Derogado.

**Artículo 150.- Donación revocable.** No será aplicable a las donaciones de que trata este Libro lo dispuesto en los artículos 1137 a 1146 del Código Civil.

Conc.: Decreto 240 Reglamento del Libro IX del Código Sanitario, Ministerio de Salud, D.O. 03.12.1983. Artículo 14.

Comentario: los artículos 1136-1146 del Código Civil, regulan las donaciones revocables. Según el artículo 1136, la donación revocable es aquella que el donante puede revocar a su arbitrio. Y la donación por causa de muerte es lo mismo que donación revocable; y donación entre vivos, lo mismo que donación irrevocable.

**Artículo 151.- Sospecha de muerte por causa de un delito.** Cuando una persona hubiere fallecido en alguno de los casos indicados en el artículo 121 del Código de Procedimiento Penal o cuando su muerte hubiere dado lugar a un proceso penal, será necesaria la autorización del Director del Servicio Médico Legal o del médico cirujano en quien éste haya delegado esta atribución para destinar el cadáver a cualquiera de las finalidades previstas en este Libro, además del cumplimiento de los otros requisitos.

En aquellos casos en que el Servicio Médico Legal no tenga la infraestructura material o de personal para la autorización, o ésta sea necesaria y requerida fuera de su horario normal de funcionamiento, la delegación recaerá en el director de un hospital del Servicio de Salud en cuyo territorio jurisdiccional se produjere la muerte del potencial donante.

Conc.: Código Sanitario. Artículo 7.

Decreto 240 Reglamento del Libro IX del Código Sanitario, Ministerio de Salud, D.O. 03.12.1983. Artículo 13.

Ley 19.451 Establece normas sobre trasplante y donación de órganos, D.O. 10.04.1996. Artículo 12.

Comentario: El artículo 121 del Código de Procedimiento Penal ordena que, ante la sospechosa muerte de una persona como resultado de un delito, se procederá con diligencias investigativas antes de la inhumación del cadáver o inmediatamente después de exhumado.

**Artículo 152.- Nulidad.** Será nulo y sin ningún valor el acto o contrato que, a título oneroso, contenga la promesa o entrega de un tejido o parte del cuerpo humano para efectuar un injerto.

Conc.: Ley 19.351 Establece normas sobre trasplante y donación de órganos, D.O. 10.04.1996. Artículo 3 y 14.

Decreto 240 Reglamento del Libro IX del Código Sanitario, Ministerio de Salud, D.O. 03.12.1983. Artículo 15.

**Artículo 153.- Órganos y tejidos para elaboración de productos farmacéuticos.** Las placentas y otros órganos y tejidos que determine el reglamento podrán destinarse a la elaboración de productos terapéuticos y a otros usos que el mismo reglamento indique.

Modif.: Ley 18173 Modifica el Código Sanitario. D.O. 15.11.1982. Artículo 2.

Decreto 240 Reglamento del Libro IX del Código Sanitario, Ministerio de Salud, D.O. 03.12.1983. Artículo 16.

**Artículo 154.- Excepción.** Las disposiciones de este Libro no se aplicarán a las donaciones de sangre ni a las de otros tejidos que señale el reglamento.

Modif.: Ley 18.173 Modifica el Código Sanitario. D.O. 15.11.1982. Artículo 2.

Decreto 240 Reglamento del Libro IX del Código Sanitario, Ministerio de Salud, D.O. 03.12.1983. Artículo 17.

# LIBRO X
# DE LOS PROCEDIMIENTOS Y SANCIONES

Modif.: Ley 18.173 Modifica el Código Sanitario, D.O. 15.11.1982.

Comentario: La Ley 18.173 insertó el actual título noveno y modificó la numeración del articulado del Código Sanitario.

## TÍTULO I
## DE LA INSPECCIÓN Y ALLANAMIENTO

**Artículo 155 (146).- Potestades de inspección y registro.** Para la debida aplicación del presente Código y de sus reglamentos, decretos y resoluciones del Director General de Salud, la autoridad sanitaria podrá practicar la inspección y registro de cualquier sitio, edificio, casa, local y lugares de trabajo, sean públicos o privados.

Cuando se trate de edificio o lugares cerrados, deberá procederse a la entrada y registro previo decreto de allanamiento del Director General de Salud, con el auxilio de la fuerza pública si fuere necesario.

Conc.: Constitución Política de la República. Artículo 19 Nº 4.

Ley 19.880 Establece bases de los procedimientos administrativos que rigen los actos de los órganos de la Administración del Estado, D.O. 29.05.2003. Artículos 34-38.

**Artículo 156 (147).- Levantamiento de acta.** Estas actuaciones serán realizadas por funcionarios del Servicio Nacional de Salud. Cuando con ocasión de ellas se constatare una infracción a este Código o a sus reglamentos, se levantará acta dejándose constancia de los hechos materia de la infracción.

El acta deberá ser firmada por el funcionario que practique la diligencia, el que tendrá el carácter de ministro de fe.

Conc.: Código Sanitario. Artículo 166.

Ley 19.880 Establece bases de los procedimientos administrativos que rigen los actos de los órganos de la Administración del Estado, D.O. 29.05.2003. Artículo 35.

**Artículo 157 (148).- Allanamiento.** En los casos de allanamiento, se notificará al dueño o arrendatario del lugar o edificio en que hubiere de practicarse la diligencia, o al encargado de su conservación o custodia. Si no es habida alguna de las personas expresadas, la notificación se hará a cualquier persona mayor de edad que se halle en dicho lugar o edificio; si no se encontrare a nadie, se hará constar esta circunstancia en el acta que se levantará al efecto.

Conc.: Ley 19.880 Establece bases de los procedimientos administrativos que rigen los actos de los órganos de la Administración del Estado, D.O. 29.05.2003. Artículo 46.

Ley 21.180 Transformación digital del Estado, D.O. 11.11.2019.

DFL Nº 1 del Ministerio Secretaría General de la Presidencia, establece normas de aplicación del artículo 1º de la Ley 21.180, de transformación digital del Estado, D.O. 06.04.2021.

Decreto 8 Establece norma técnica de notificaciones, D.O. 17.08.2023.

**Artículo 158 (149).- Participación en la diligencia.** Practicadas las diligencias prescritas en el artículo anterior se procederá a la entrada y registro, para cuyo efecto se invitará al dueño, arrendatario o persona encargada a presenciar el acto. Si dichas personas estuvieren impedidas o ausentes, la invitación se hará a un miembro adulto de su familia, o en su defecto, a cualquier persona. Todos los concurrentes que pudieran, firmarán el acta que al efecto se levantare, la que contendrá el inventario de los bienes que se recojan y se dará copia al interesado, si la solicitare.

Conc.: Código Sanitario. Artículos 159 y 160.

**Artículo 159 (150).- Medida provisional de comiso y clausura.** Si durante la inspección o registro o allanamiento se comprobara una infracción a la ley o reglamentos y se encontraren los elementos que hubieren servido para cometerla, podrán ser éstos trasladados a los depósitos o almacenes del Servicio Nacional de Salud o cerrarse y sellarse la parte del local y de los muebles en que se hubieren encontrado, mientras resuelve la autoridad sanitaria.

Conc.: Ley 19.880 Establece bases de los procedimientos administrativos que rigen los actos de los órganos de la Administración del Estado, D.O. 29.05.2003. Artículo 32.

**Artículo 160 (151).- Retiro de muestras.** A fin de comprobar el correcto cumplimiento de las disposiciones del presente Código y sus reglamentos, el Servicio Nacional de Salud podrá, previo recibo y sin necesidad de pago, retirar de las aduanas y de los sitios en que se elaboren, distribuyan o expendan, aquellas muestras que fuere necesario examinar.

Conc.: Código Sanitario. Artículo 158.

## TÍTULO II
## DEL SUMARIO SANITARIO

**Artículo 161 (152).- Inicio del sumario.** Los sumarios que se instruyan por infracciones al presente Código y a sus reglamentos, decretos o resoluciones del Director General de Salud, podrán iniciarse de oficio o por denuncia de particulares.

Conc.: Ley 19.880 Establece bases de los procedimientos administrativos que rigen los actos de los órganos de la Administración del Estado, D.O. 29.05.2003. Artículos 1º, 2º y 4º.

Código Penal, artículo 448 quáter.

**Artículo 162 (153).- Potestades de investigación.** La autoridad sanitaria, tendrá autoridad suficiente, para investigar y tomar declaraciones necesarias en el esclarecimiento de los hechos relacionados con las leyes, reglamentos y resoluciones sanitarias.

Conc.: Ley 19.880 Establece bases de los procedimientos administrativos que rigen los actos de los órganos de la Administración del Estado, D.O. 29.05.2003. Artículos 34-38.

**Artículo 163 (154).- Citación.** Cuando se trate de sumarios iniciados de oficio, deberá citarse al infractor después de levantada el acta respectiva. La persona citada deberá concurrir el día y horas que se señale, con todos sus medios probatorios. En caso de inasistencia, tendrá lugar lo dispuesto en el artículo 158 del presente Código.

Conc.: Código Sanitario, artículos 155, 156 y 167. Ley 18.173 Modifica Código Sanitario, D.O. 15.11.1982. Artículo 3°.

Comentario: por la Ley 18.173 el artículo 158 a que hace referencia el artículo 163 pasó a ser el 167.

**Artículo 164 (155).- Instrucción del sumario iniciado por denuncia.** Cuando se trate de sumarios iniciados por denuncia de particulares, la autoridad sanitaria citará al posible infractor, así como al denunciante, y examinará separadamente a los testigos y demás medios probatorios que se le presenten, levantando acta de lo obrado ante dos personas, y se practicará las investigaciones necesarias para el esclarecimiento de los hechos denunciados.

Conc.: Ley 19.880 Establece bases de los procedimientos administrativos que rigen los actos de los órganos de la Administración del Estado, D.O. 29.05.2003. Artículos 10, 29, 35 y 46.

**Artículo 165 (156).- Notificaciones.** Las notificaciones que sea menester practicar se harán por funcionarios del Servicio Nacional de Salud o de Carabineros, quienes procederán con sujeción a las instrucciones que se impartan, dejando testimonio escrito de su actuación.

Conc.: Código Sanitario. Artículo 156.

Ley 19.880 Establece bases de los procedimientos administrativos que rigen los actos de los órganos de la Administración del Estado, D.O. 29.05.2003. Artículos 10, 35 y 46.

Ley 21.180 Transformación digital del Estado, D.O. 11.11.2019.

DFL N° 1 del Ministerio Secretaría General de la Presidencia, establece normas de aplicación del artículo 1° de la Ley 21.180, de transformación digital del Estado, D.O. 06.04.2021.

Decreto 8 Establece norma técnica de notificaciones, D.O. 17.08.2023.

**Artículo 166 (157).- Prueba de la infracción.** Bastará para dar por establecido la existencia de una infracción a las leyes y reglamentos sanitarios el testimonio de dos personas contestes en el hecho y en sus circunstancias esenciales; o el acta, que levante el funcionario del Servicio al comprobarla.

Conc.: Ley 19.880 Establece bases de los procedimientos administrativos que rigen los actos de los órganos de la Administración del Estado, D.O. 29.05.2003. Artículo 35.

Código de Procedimiento Civil, artículo 384.

**Artículo 167 (158).- Sentencia.** Establecida la infracción, la autoridad sanitaria dictará sentencia sin más trámite.

Conc.: Ley 19.880 Establece bases de los procedimientos administrativos que rigen los actos de los órganos de la Administración del Estado, D.O. 29.05.2003. Artículo 41.

**Artículo 168 (159).- Prueba del pago.** Los infractores a quienes se les aplicare multa deberán acreditar su pago ante la autoridad sanitaria que los sancionó, dentro del plazo de cinco días hábiles contado desde la notificación de la sentencia.

Conc.: Ley 19.880 Establece bases de los procedimientos administrativos que rigen los actos de los órganos de la Administración del Estado, D.O. 29.05.2003. Artículo 51.

**Artículo 169 (160).-** Derogado.

Modif.: Ley 20.724 Modifica el Código Sanitario en materia de regulación de farmacias y medicamentos, D.O. 14.02.2014. Artículo 1 Nº 3.

**Artículo 170 (161).- Suspensión de medidas sanitarias.** La clausura y demás medidas sanitarias ordenadas en la sentencia, no podrán dejarse sin efecto o suspenderse a menos que el Director General de Salud así lo ordenare, o que lo dispusiera la justicia ordinaria al fallar por sentencia definitiva ejecutoriada o que cause ejecutoria, la reclamación que se interponga.

Conc.: Código Sanitario, artículos, 15, 24, 41 y 174, inciso 2º.

Ley 19.880 Establece bases de los procedimientos administrativos que rigen los actos de los órganos de la Administración del Estado, D.O. 29.05.2003. Artículos 3º, inciso final, y 57.

**Artículo 171 (162).- Reclamación judicial.** De las sanciones aplicadas por el Servicio Nacional de Salud podrá reclamarse ante la justicia ordinaria civil, dentro de los cinco días hábiles siguientes a la notificación de la sentencia, reclamo que tramitará en forma breve y sumaria.

El tribunal desechará la reclamación si los hechos que hayan motivado la sanción se encuentren comprobados en el sumario sanitario de acuerdo a las normas del presente Código, si tales hechos constituyen efectivamente una infracción a las leyes o reglamentos sanitarios y si la sanción aplicada es la que corresponde a la infracción cometida.

Modif.: Tribunal Constitucional, 25 de mayo de 2009, rol 1345-2009.

Conc.: Constitución Política de la República, artículo 7.

Ley 18.575 Orgánica Constitucional de Bases Generales de la Administración del Estado, D.O. 17.11.2001. Artículo 53.

Ley 19.880 Establece bases de los procedimientos administrativos que rigen los actos de los órganos de la Administración del Estado, D.O. 29.05.2003. Artículos 11, 25, 41, 54 y 59.

Código de Procedimiento Civil. Artículo 680.

**Artículo 172 (163).- Ejecución de la sentencia.** Las sentencias que dicte la autoridad sanitaria podrán cumplirse no obstante encontrarse pendiente la reclamación a que se refiere el artículo anterior, sin perjuicio de lo que por sentencia definitiva ejecutoriada o que cause ejecutoria resuelva la justicia ordinaria al pronunciarse sobre aquélla.

Conc.: Ley 19.880 Establece bases de los procedimientos administrativos que rigen los actos de los órganos de la Administración del Estado, D.O. 29.05.2003. Artículos 3 y 57.

**Artículo 173 (164).- Privilegio de pobreza.** En todos los procedimientos judiciales a que diere lugar la aplicación del presente Código, el Servicio Nacional de Salud gozará de privilegio de pobreza y estará exento de hacer las consignaciones que ordena la ley.

Conc.: Código de Procedimiento Civil. Artículos 129-137.

## TÍTULO III
## DE LAS SANCIONES Y MEDIDAS SANITARIAS

**Artículo 174 (165).- Sanciones.** La infracción de cualquiera de las disposiciones de este Código o de sus reglamentos y de las resoluciones que dicten los Directores de los Servicios de Salud o el Director del Instituto de Salud Pública de Chile, según sea el caso, salvo las disposiciones que tengan una sanción especial, será castigada con multa de un décimo de unidad tributaria mensual hasta mil unidades tributarias mensuales. Las reincidencias podrán ser sancionadas hasta con el doble de la multa original.

Las infracciones antes señaladas podrán ser sancionadas, además, con la clausura de establecimientos, recintos, edificios, casas, locales o lugares de trabajo donde se cometiere la infracción; con la cancelación de la autorización de funcionamiento o de los permisos concedidos; con la paralización de obras o faenas; con la suspensión de la distribución y uso de los productos de que se trate, y con el retiro, decomiso, destrucción o desnaturalización de los mismos, cuando proceda.

Lo anterior es sin perjuicio de hacer efectivas las responsabilidades que establezcan otros cuerpos legales respecto de los hechos.

Conc.: Constitución Política de la República, artículo 7.

Código Sanitario, artículo 170.

Código Penal, artículos 20, 289, 318, 318 bis, 318 ter y 322.

Ley 18.575 Orgánica Constitucional de Bases Generales de la Administración del Estado, D.O. 17.11.2001. Artículo 53.

Ley 19.880 Establece bases de los procedimientos administrativos que rigen los actos de los órganos de la Administración del Estado, D.O. 29.05.2003. Artículos 3, 11, 25, 41, 54 y 59.

Comentario: Para distintos casos, el artículo 318 del Código Penal fue declarado inaplicable por el Tribunal Constitucional, por infracción a las reglas promulgadas para combatir la pandemia de covid-19.

**Artículo 174 bis.- Mérito ejecutivo.** Las resoluciones que establezcan las infracciones y determinen las multas tendrán mérito ejecutivo y se harán exigibles por la Tesorería General de la República, en los términos previstos en el inciso segundo del artículo 35 del decreto ley Nº 1.263, de 1975, orgánico de Administración Financiera del Estado.

El retardo en el pago de estas multas devengará los intereses y reajustes establecidos en el artículo 53 del Código Tributario.

La Tesorería General de la República hará uso del mecanismo contemplado en el artículo 6 del Estatuto Orgánico del Servicio de Tesorerías, cuyo texto refundido, coordinado, sistematizado y actualizado fue fijado por el decreto con fuerza de ley Nº 1, de 1994, del Ministerio de Hacienda.

Sin perjuicio de lo dispuesto en los incisos anteriores, en el pago de estas multas se podrá aplicar lo dispuesto en el artículo 192 del Código Tributario, en lo que corresponda.

Conc.: Código de Procedimiento Civil, artículo 434.

Código Tributario. Artículos 53 y 192.

Decreto Ley Nº 1263 Orgánico de Administración Financiera del Estado, D.O. 28.02.1975. Artículo 35.

DFL Nº 1 del Ministerio de Hacienda Fija Estatuto Orgánico del Servicio de Tesorerías, D.O. 16 de mayo de 1994. Artículo 6º.

**Artículo 175 (166).- Cancelación de autorización.** En los casos en que la sanción consista en la cancelación de la autorización de funcionamiento o de los permisos concedidos, el Servicio Nacional de Salud comunicará este hecho a la Municipalidad respectiva para que proceda a cancelar la correspondiente patente.

Conc.: Código Sanitario. Artículos 7 y 15.

**Artículo 176 (167).- Infracción por comercialización de auxilios.** Los auxilios en especie, tales como medicamentos, alimentos terapéuticos o suplementarios, que el Servicio Nacional de Salud entregue a la población en cumplimiento de sus programas, no podrán ser comercializados por quienes los reciben.

Sin perjuicio de la sanción que corresponda al beneficiario que infringiere esta disposición, serán especialmente sancionados quienes adquieran el producto directamente de aquél o de un tercero, a cualquier título, y quienes, sin tener derecho a él, lo tengan en su poder.

Conc.: Código Sanitario. Artículo 174.

Código Penal. Artículo 470 Nº 8.

**Artículo 177 (168).- Oportunidad de la sanción.** El Director General de Salud podrá, cuando se trate de una primera infracción y aparecieren antecedentes que lo justifiquen, apercibir y amonestar al infractor, sin aplicar la multa y demás sanciones, exigiendo que se subsanen los defectos que dieron origen a la infracción, dentro del plazo que se señale.

Conc.: Código Sanitario. Artículo 174.

**Artículo 178 (169).- Medidas provisionales.** La autoridad podrá también, como medida sanitaria, ordenar en casos justificados la clausura, prohibición de funcionamiento de casas, locales o establecimientos, paralización de faenas, decomiso, destrucción y desnaturalización de productos. Estas medidas podrán ser impuestas por el ministro de fe, con el solo mérito del acta levantada, cuando exista un riesgo inminente para la salud, de lo que deberá dar cuenta inmediata a su jefe directo. Copia del acta deberá ser entregada al interesado.

Conc.: Ley 19.880 Establece bases de los procedimientos administrativos que rigen los actos de los órganos de la Administración del Estado, D.O. 29.05.2003. Artículo 32.

**Artículo 179.- Destino de las multas.** Las multas que se impongan por infracción a las disposiciones de este Código y sus reglamentos o a las resoluciones de la autoridad sanitaria serán a beneficio fiscal.

Conc.: Decreto Ley Nº 1263 Orgánico de Administración Financiera del Estado, D.O. 28.02.1975. Artículo 35.

**Artículo 180 (171).- Comiso.** Todos los objetos decomisados por el Servicio Nacional de Salud en virtud de las facultades que le confiere el presente Código, se destinarán a beneficio de esa Institución o, los destruirá, cuando proceda.

No obstante, el Servicio podrá dejar los mencionados objetos en poder de su dueño siempre que puedan ser desnaturalizados y empleados en otro fines sin riesgo para la salud pública. En este caso el interesado deberá cumplir todas las exigencias que le formule el Servicio.

Las especies que atendida su naturaleza o el estado en que se encuentren no deban ser destruidas, ni sean útiles a la Institución y respecto de las cuales no se haya aplicado el inciso anterior, deberán subastarse por intermedio de la Dirección General del Crédito Prendario y de Martillo y su producido ingresará a fondos generales del Servicio Nacional de Salud.

Conc.: Constitución Política de la República. Artículo 19 Nº 7, letra g) y Nº 24, inciso 2º.

Comentario: en general, la jurisprudencia estima que el daño causado en el patrimonio producto de un acto ajustado a la legalidad (denominados "actos lícitos") no hace nacer la obligación de indemnizar perjuicios. Ello salvo que una ley establezca una hipótesis precisa de responsabilidad en ese sentido. Tal situación ocurre en la Ley 18.755 Establece normas sobre el Servicio Agrícola y Ganadero, D.O. 07.01.1989. Artículo 7, letra j). Ver, Corte Suprema, 20 de noviembre de 2021, rol 9924-2010.

**Artículo 181 (172).- Destino de bienes decomisados.** Las especies decomisadas con ocasión de un delito contra la salud pública se destinarán también al Servicio Nacional de Salud, el que dispondrá de ellas en las mismas condiciones señalada en el artículo anterior.

Los estupefacientes incautados con ocasión de un proceso criminal que no puedan ser objeto de la sanción señalada en el artículo 31 del Código Penal, por haber terminado el respectivo proceso en sobreseimiento o sentencia absolutoria, se destinarán al Servicio Nacional de Salud, a menos que la persona en cuyo poder se encontró la especie acredite su legítima adquisición con la correspondiente autorización para poseerla y usarla de acuerdo a este Código y sus reglamentos.

Conc.: Constitución Política de la República. Artículo 19 Nº 7, letra g).

Código Penal. Artículo 31.

**Artículo 182 (173).- Derogación.** Derógase el decreto con fuerza de ley Nº 226, de 15 de mayo de 1931, y sus modificaciones posteriores.

Los reglamentos preexistentes que versen sobre las materias que en este Código se tratan quedan derogados sólo en la parte que le fueren contrarios.

Conc.: Código Civil. Artículos 52 y 53.

**Artículo Transitorio.** Las personas que a la vigencia del presente Código Sanitario se encontraban autorizadas para dirigir sus propias farmacias en su calidad de prácticos en farmacia, podrán continuar haciéndolo.

Conc.: DFL Nº 1003 Modifica Código Sanitario. D.O. 29.11.1968.

# ÍNDICE ANALÍTICO DEL CÓDIGO SANITARIO POR ARTÍCULOS

## ***ACCESO GRATIS*** ***a la Lectura en la Nube***

Para visualizar el libro electrónico en la nube de lectura envíe junto a su nombre y apellidos una fotografía del código de barras situado en la contraportada del libro y otra del ticket de compra a la dirección:

**ebooktirant@tirant.com**

En un máximo de 72 horas laborales le enviaremos el código de acceso con sus instrucciones.

## ***ACCESO GRATIS** a la Lectura en la Nube*

Para visualizar el libro electrónico en la nube de lectura envíe junto a su nombre y apellidos una fotografía del código de barras situado en la contraportada del libro y otra del ticket de compra a la dirección:

**ebooktirant@tirant.com**

En un máximo de 72 horas laborales le enviaremos el código de acceso con sus instrucciones.

La visualización del libro en **NUBE DE LECTURA** excluye los usos bibliotecarios y públicos que puedan poner el archivo electrónico a disposición de una comunidad de lectores. Se permite tan solo un uso individual y privado